Erwin W. Heri

Moden und Mythen an den Anlagemärkten
Warum Anleger und ihre Berater
an der Börse immer wieder scheitern

Erwin W. Heri

Moden und Mythen an den Anlagemärkten

Warum Anleger und ihre Berater
an der Börse immer wieder scheitern

HELBING & LICHTENHAHN
Basel · Genf · München

Bibliographische Information Der Deutschen Bibliothek

Die Deutsche Bibliothek verzeichnet diese Publikation in der Deutschen Nationalbibliographie; detaillierte bibliographische Daten sind im Internet abrufbar: http://dnb.ddb.de

Umschlagbild: Japan, Tokyo, Stock Exchange. Julian Calder, Fotograf

Dieses Werk ist weltweit urheberrechtlich geschützt. Das Recht, das Werk mittels irgendeines Mediums (technisch, elektronisch und/oder digital) zu übertragen, zu nutzen oder ab Datenbank sowie via Netzwerke zu kopieren und zu übertragen oder zu speichern (downloading), liegt ausschliesslich beim Verlag. Jede Verwertung in den genannten oder in anderen als den gesetzlich zugelassenen Fällen bedarf deshalb der vorherigen schriftlichen Einwilligung des Verlages.

ISBN 3-7190-2191-2354-0
© 2005 by Helbing & Lichtenhahn Verlag, Basel

Inhaltsverzeichnis

Prolog VII
Einführung XI

1. Kapitel: Ein leichter Cocktail aus Geschichte und Statistik 1

Einleitung: Geschichte hört nicht auf zu sein,
nur weil wir sie negieren 1
Die Geschichte der Aktien- und Rentenmärkte 3
Und die Risiken? 15
Gauss lässt grüssen 17
Wie lange ist «lang»? 21

**2. Kapitel: Wie entstehen die Kurse? Gemischte Kost aus der
(Hexen-) Küche der Finanztheorie** 27

Einleitung: Aktienkurse fallen nicht einfach vom
Himmel – steigen aber auch nicht einfach dorthin 27
Man nehme 29
2 + 2 = 5 – 2 + 1 36
Rational Exuberance? 42
Der lange Atem der Versicherer: Im Prinzip ja, aber 45
Die Börsenpsychologie der Krise 49
Etwas zuviel Theorie? 58
Was sagt die öffentliche Meinung? 59

3. Kapitel: Zu viele Köche verderben den Brei 71

Die Theorie effizienter Märkte oder
Wenn im Kochbuch schon alles drin steht 71
Und die Moral von der Geschicht 78

4. Kapitel: «Sell in May and Go Away» oder
Wieviel wissen die Märkte wirklich?................... 85

    Im Januar, im Januar 86
    Sommer- und Winterportfolios 91
    Fundamentale Anomalien. 95
    Glamour versus Aschenputtel. 95
    David und Goliath 101
    Zwischenbilanz. 103

5. Kapitel: Welche Aktien kaufen?
Ein Eintopf mit vielen Zutaten...................... 105

    Diversifikation, Diversifikation, Diversifikation 105
    Internationale Diversifikation. 112

6. Kapitel: Die Hedge-Fund-Saga – Hexengebräu aus
Teufelsküche oder Allheilmittel einer gebeutelten
Finanzindustrie? 117

    Eine Speisekarte mit grosszügigem Inhalt............ 119
    Und die Performance?........................... 122
    Die passende Würze und das richtige Mass.......... 128

7. Kapitel: Und was kostet der Spass?
Machen Sie die Rechnung nicht ohne den Wirt!....... 133

    Der «einfache» Anlagefonds 135
    Die «Alternativen»? 141
    Schlussbemerkung. 144

«Bringing it all together»: Eine Zusammenfassung.............. 145

Prolog

Die Entwicklungen etwa seit dem Milleniumswechsel sowohl an der Unternehmensfront als auch insbesondere an den globalen Aktienmärkten haben bei vielen Anlegern – und ihren Portfolios – deutliche Spuren hinterlassen. Korrekturen der Aktienindizes von vierzig Prozent und mehr in zwei Jahren, gefolgt von Erholungen von fünfzig bis hundert Prozent innerhalb weniger Monate, das Aufdecken von Skandalen, die bis zum Konkurs einst hoch gelobter Unternehmen führten, haben einiges an Grundsatzfragen aufkommen lassen. Insbesondere haben sie gezeigt, dass die zu Ende gehenden 90er-Jahre des letzten Jahrhunderts nach einem fast zehnjährigen Wirtschaftsaufschwung einem Optimismus und Machbarkeitsglauben Hand geboten haben, die letztlich seltsame Blüten getrieben haben.

Die Verunsicherung der Anleger wurde neben den zum Teil bizarr anmutenden Ereignissen an der Wirtschaftsfront und den zunehmenden geopolitischen Verwerfungen nicht zuletzt auch durch eine Anlageberatung beeinflusst, die plötzlich einen Dogmenwechsel bezüglich der Art und Weise, wie Geld anzulegen sei, verkündete. Während das «Aktiensparen» vor wenigen Jahren nicht nur als salonfähig, sondern geradezu als Rettungsanker eines in Schieflage geratenen Sozialversicherungssystems gepriesen wurde, war nach der gewaltigen Korrektur an den Aktienmärkten von solcher Stimmung gar nichts mehr zu spüren. Die grossen institutionellen Anleger in ganz Europa begannen in grossem Stil ihre Aktienpakete zu Tiefstpreisen zu «verscherbeln» und den Privatanlegern wurde bedeutet, die Märkte würden nun wohl jahre- wenn nicht jahrzehntlang bestenfalls seitwärts tendieren und wenn irgendwo noch etwas verdient werden könnte, dann allenfalls mit irgendwelchen exotischen Anlageprodukten.

Die Stimmungslage war etwa dieselbe wie Mitte der 90er-Jahre – nur eben mit anderem Vorzeichen. Alles was irgendwie «verteufelt» werden konnte, wurde «verteufelt», und Positives wollte man nicht sehen. Wie so oft, schufen auch hier die Extremwerte die besten Opportunitäten. In den späten 90er-Jahren waren es Unternehmer, die bei Börsengängen von der überschäumenden Euphorie profitierten. Im übertriebenen Pessimismus nach der Korrektur waren es wiederum Unternehmer, die bei Aktienrückkäufen und so genannten Going Privates «dem Markt» ihre Unternehmen zu Ausverkaufspreisen wieder abkaufen konnten.

Die Wendepunkte solcher «Hypes» oder Stimmungsdepressionen an den Märkten sind für Anleger jeweils kaum zu identifizieren. Vielleicht sind sie aber für einen langfristig orientierten Investor auch nicht wirklich von Bedeutung. Solange «langfristig» bedeutet, dass man sich nicht durch temporäre Ereignisse von seinem strategischen Pfad abbringen lässt.

Grosse Worte locker hingeschrieben. Die Ereignisse, die wir in den letzten Jahren durchlebt haben, sind aber in der Tat nicht gänzlich neu. Auch wenn jede Generation das Recht hat, die Einzigartigkeit ihrer jeweiligen Situation zu reklamieren, so ist es eine Tatsache, dass auch die Finanzmarktsituation der letzten Jahre durchaus in ein historisches Muster passt, vorausgesetzt, man ist bereit, ein solches zu erkennen.

Dass an den Aktienmärkten Korrekturen von vierzig Prozent und mehr auftreten können, ist nichts Neues, wurde aber schlicht verdrängt. Dass man nicht in einzelne Titel investieren sollte – auch wenn sie einen noch so guten Namen haben –, weil die entsprechenden Risiken am Markt nicht abgegolten werden, ist ebenfalls seit den 60er-Jahren bekannt. Je nach Marktsituation werden aber solche Erkenntnisse durch asymmetrische und selektive Wahrnehmungen vernebelt.

Im Jahr 1999 erschienen meine «Acht Gebote der Geldanlage» in Erstauflage. Nicht überraschend wurde das Buch zum Bestseller. Ende der 90er-Jahre wurden viele Ratgeber zu Finanzfragen zu Bestsellern. Ganz besonders gut verkauften sich Bücher nach dem Motto: «In x Tagen zum Millionär» oder ähnlich. Wenn in den «Acht Geboten» zu lesen war, dass die Wahrscheinlichkeit in einem einzelnen Jahr an den Aktienmärkten Geld zu verlieren, bei etwa einem Drittel lag, interessierte das schlicht niemanden. Wer sich dennoch in diese Richtung äusserte, dem wurde beiläufig signalisiert, er habe wohl noch nicht ganz begriffen, was «New Economy» bedeute. Ähnlich klang es dann im Frühjahr 2003: Wer bemerkte, dass einzelne Aktien jetzt wohl zu Ausverkaufspreisen zu haben wären und einzelne Indizes bald Dividendenrenditen in der Gegend der Staatsanleihenrenditen bezahlen würden, dem wurde vereinzelt vorgeworfen, er habe wohl noch nicht begriffen, was Hedge Funds seien.

Wie dem auch sei: Bei der Arbeit am vorliegenden Buch sind wir einmal mehr zum Schluss gekommen, dass es sich lohnt, gelegentlich einen Blick auf die Geschichte zu werfen und zu versuchen, die Einzigartigkeit der jeweiligen Situation an der Historie zu messen. «Historisches Lernen» scheint auch und gerade an den Finanzmärkten immer wieder Früchte zu tragen, denn die Geschichte bietet nicht nur solchen, die die Gegenwart nicht mehr verstehen, Möglichkeiten des Erkenntnisgewinns. Dies gilt ganz besonders für Anleger, die tatsächlich über einen langen Anlagehorizont verfügen und die kurzfristigen Schwankungen auch psychisch auszuhalten vermögen. Denn eines ist sicher: Die Renditen an den Aktienmärkten werden auch in den kommenden Jahren erlitten werden müssen. Und wenn wir bei den Korrekturen der letzten Jahre etwas gelernt haben, dann ist es dies: Risikofähigkeit hat nicht nur finanzielle, den Anlagehorizont betreffende Aspekte, sondern auch psychische. Kurz: Man muss mit Volatilität auch leben können.

Wie bei meinen früheren Buchprojekten geht es mir auch bei «Moden und Mythen» darum, einige Grundsätze der Finanztheorie in verständlicher Sprache einem breiten Publikum zugänglich zu machen. In der Tat ist es so, dass der heute vielerorts – nicht zuletzt in den Medien – verwendete «Finanzslang» beinah Ausschlusscharakter erhalten hat. Vielleicht macht gerade das einen Teil der Faszination aus. Entsprechend ist ein solches Unterfangen, möglichst vielen den Zugang zu erlauben, immer eine Gratwanderung. Als Autor muss man notwendigerweise zahlreiche Vereinfachungen vornehmen und viele Details vernachlässigen, was einem von den Spezialisten vorgeworfen wird. Trotzdem kann man gleichzeitig kaum vermeiden, sich einer gewissen Fachsprache zu bedienen, die wiederum einzelne Leser abschrecken wird. Ich hoffe, dass mir die Gratwanderung gelungen ist.

Ein solches Projekt entsteht nie ohne fremde Hilfe. Ich möchte mich herzlich bei meiner Assistentin Brigitte Kyburz bedanken für die zahlreichen Versionen, die sie jeweils hat bearbeiten müssen, bei Daniel Repsis und Ueli Bender von der OZ Bankers AG, die mir bei der Datensuche und -bearbeitung geholfen haben, bei Stephan Holzer für die zahlreichen kritischen Diskussionen einiger der hier dargestellten Zusammenhänge und last but not least bei Roland Strub für die sprachliche Überarbeitung des ursprünglichen Manuskriptes. Einmal mehr danke ich aber vor allem meiner lieben Frau Therese und meinen drei Kindern für die immerwährende Unterstützung.

Erwin W. Heri – Winterthur, im Juni 2004

Einführung

In einem Interview hat der Psychologieprofessor und Nobelpreisträger Daniel Kahneman den Satz geprägt, Anleger seien nicht fähig, aus an der Börse gemachten Erfahrungen zu lernen, sie würden sich jedes Mal von neuem falsch verhalten. Ein Grund für Kahnemans Bemerkung dürfte sein, dass sich die Anleger zu wenig mit den historischen Zusammenhängen an den Weltbörsen beschäftigen und dass sie – stets auf der Suche nach neuen Gewinnmöglichkeiten – immer den gerade neuesten Modetrends nachrennen.

Wir haben im vorliegenden Buch versucht zurückzublicken und die schwierigen Jahre zwischen 2000 und 2003 historisch einzuordnen. Zurückzublicken in eine Geschichte der Finanzmärkte, von der wir behaupten, dass sie Komponenten enthält, die sich in ähnlicher Art und Weise wiederholen. Diese Wiederholungen sind wenig zyklisch und daher auch nicht leicht zu identifizieren. Für die kurzfristige Analyse und damit für das Suchen nach kurzfristigen Gewinnchancen sind sie unbrauchbar. Damit sind sie aber auch uninteressant für eine Anlageberatung, die sich mehrheitlich an Umsätzen und Kommissionen orientiert oder für die boulevardeske Begleitung der Aktienmärkte durch die Medien, die eher auf Effekthascherei und Einschaltquoten denn auf langfristig-strategische Fragestellungen ausgerichtet sind.

Interessant sind diese historischen Regularitäten jedoch für den langfristig orientierten Anleger, der von der Hypothese ausgeht, dass er für das Eingehen höherer Risiken über kurz oder lang durch höhere Erträge entschädigt wird. Die längerfristige Orientierung ermöglicht es einem solchen Anleger, durch den Nebel der kurzfristigen Verwerfungen hindurchzublicken und sich nicht von irgendwelchen Moden und Mythen von seinem langfristigen Weg abbringen zu lassen. Kommt hinzu, dass dieses Verharren in einer längerfristigen Strategie – so langweilig dies auch erscheinen mag – im Zweifelsfall auch weniger (Kommissionen) kostet. Der aktive Beobachter der Anlageszene der letzten Jahre kann sich nämlich des Eindruckes nicht ganz erwehren, dass einzelne der neuen Anlagemoden oder Investmentprodukte eher mit einem Seitenblick auf Kommissionsstrukturen entstanden sind, als durch den Wunsch, die längerfristigen Bedürfnisse der Anlagekundschaft abzudecken.

Diesen und ähnlichen Fragen geht das vorliegende Buch nach und ist dabei immer um Berücksichtigung der historischen Perspektiven bemüht. Denn die von Daniel Kahneman implizit gemachte Aussage, dass es von der Geschichte durchaus etwas zu lernen gäbe, vorausgesetzt, man ist bereit, ihre Lehren zu sehen, teilen wir ganz grundsätzlich.

Das Buch ist in acht Abschnitte unterteilt. In den ersten beiden Kapiteln geht es um die eigentliche Geschichte der Finanzmärkte der westlichen Welt und um die wirtschaftlichen Triebfedern der Aktien- und Rentenmarktentwicklung.[1] Bei der Aufarbeitung dieser Entwicklung haben wir vornehmlich mit historischen Daten aus Deutschland (1948–2003), der Schweiz (1925–2003) und den USA (1800–2003) gearbeitet. Wo es sinnvoll erschien, haben wir allerdings auch eine Reihe anderer Länder und Zeitperioden zu Rate gezogen. Dabei sind wir auf interessante Muster gestossen, aus denen sich eine Reihe von Erkenntnissen und Bestätigungen ziehen lassen: beispielsweise die Tatsache, dass man für die höheren Ertragsschwankungen der Aktien – oder eben für den Ärger, den Aktien gelegentlich produzieren – im Durchschnitt belohnt wurde, oder die Feststellung, dass es einfache fundamental-ökonomische Modelle zu geben scheint, welche die längerfristige Entwicklung der Aktienmärkte erklären können, auch wenn sich die Momentaufnahmen in aller Regel völlig chaotisch präsentieren.

Nun mag ein mancher einwenden, dass es einem kaum etwas nützt zwar zu wissen, wo sich der Aktienmarkt längerfristig hinbewegt – weil er das historisch immer schon so getan hat –, in freier Anlehnung an John Maynard Keynes jedoch vor Ablauf der langen Frist entweder tot oder bankrott zu sein. Solche Einwände sind ernst zu nehmen und führen denn auch zur Frage, wie lange wohl die «lange Frist» etwa dauert. In der wissenschaftlichen Literatur herrscht darüber nicht wirklich Einigkeit.

---

1 Beiläufig sei hier bemerkt, dass wir die Begriffe «Anleihe», «Bond», «Rente» und «Obligation» durch das ganze Buch hindurch als Synonyme verwenden, denn alle diese Begriffe werden im deutschsprachigen Raum in unterschiedlicher Art und Weise für traditionelle festverzinsliche Wertpapiere verwendet.

Kapitel zwei versucht die Problemstellung zu skizzieren und eine Art Faustregel zu entwickeln.

Das dritte Kapitel enthält eine kritische Auseinandersetzung mit den Tausenden von Analysen, Analysten und den «heissen Tipps», die sowohl den privaten als auch den institutionellen Anlegern immer wieder auf den Tisch flattern. Es wird aufgezeigt, warum ein Anleger nicht damit rechnen kann, dass ihm diese Empfehlungen – vor allem nach Abzug der Kosten – irgendetwas zur Verbesserung seiner längerfristigen Anlagerendite liefern können. Dies ist auch und gerade für die privaten Anleger von Bedeutung, die ja oft das Gefühl haben, die Institutionellen oder sonstigen «Grossen» hätten relevante Informationen immer etwas früher verfügbar, um noch rasch die «Schnäppchen» zu ergattern, bevor dann die «Kleinen» kämen, um die Brosamen vom Tisch der Profis aufzuheben. Wenn dem so wäre, hätten die «Grossen» – vor allem aber die Portfoliomanager der Banken selbst – im Durchschnitt wohl eine bessere Anlagerendite, als sie effektiv erzielen.

«Sell in may and go away» sowie andere Börsenregeln und -mythen bilden den Untersuchungsgegenstand des vierten Kapitels. Sie handeln von den unterschiedlichsten Saisonmustern und den zum Teil fundamentalen Fehlbewertungen, mit denen man immer wieder versucht, beliebige neue Modeprodukte zu verkaufen. Wir zeigen auf, dass ein Teil dieser vermuteten Ineffizienzen nur mehr statistische Artefakte sind und nie und nimmer die Basis einer vernünftigen Anlagestrategie sein können.

Die Kapitel drei und vier und die darin enthaltenen Verhaltensmaximen des langfristigen, relativ passiven aber dafür umso disziplinierteren Anlegens klingen einfach und einleuchtend, sind aber nicht trivial, wie wahrscheinlich viele von uns wissen. Zu gross sind die Versuchungen, bestimmten Ideen und Moden zu folgen und sich von irgendwelchen Marketingbroschüren sowie den eigenen Emotionen und Träumen blenden zu lassen. Zu sehr führen einzelne, sich immer wieder einstellende Erfolge und die emotional unterschiedliche Bewertung von Erfolg und Misserfolg dazu, die realen Verhältnisse an den Märkten aus den Augen zu verlieren. Das Problem liegt ja nicht zuletzt auch darin begründet, dass ein einzelner Fehlentscheid viel schwerer wiegt als ein sich vielleicht einmal einstellender Glücksfall. Wenn nämlich fünfzig Prozent einer Anlage bei einer falschen «Wette» verloren gehen, dann braucht es bei der nächsten bereits eine Rendite von hundert Prozent um wieder an den Ausgangspunkt zu gelangen. Ersteres ist leicht möglich, letzteres aber etwas schwieriger.

Bis zum Kapitel fünf wird mehrheitlich mit Aktien- und Rentenindizes argumentiert. Es geht dort insbesondere um die Entwicklungen und die Geschichte «des Marktes». Im Kapitel fünf wird dann der Frage nachgegangen, welche einzelnen Wertschriften bzw. Aktien ein vernünftiges Portfolio ausmachen. Auf diese Frage haben einerseits die einschlägigen Medien andererseits aber auch die Banken Antworten bereit. Man muss sich nur die unzähligen Kauflisten, «Hot Stocks», «Winner Lists» etc. ansehen, die allenthalben herumgereicht werden. Jede Tages- oder Wochenzeitung verfügt des Weiteren über irgendeine Anlagekolumne, in welcher der «Anlageonkel» seine Weisheiten zu einzelnen Dividendenwerten verkündet. Wem das alles nicht genügt, dem steht beispielsweise immer noch die Börsensendung der ARD vor der 20-Uhr-Tagesschau zur Verfügung, um ein tagesaktuelles Portfolio zusammenzustellen.

Leider wird der interessierte Anleger aber bald einmal feststellen, dass die in den verschiedenen Medien an einem Tag empfohlenen Titel sehr schnell wechseln und die Argumente für oder gegen eine Aktie oft schon veraltet sind, bevor die Druckerschwärze trocken ist.

Welche spezifischen Aktien sind es nun aber, auf die man sich konzentrieren sollte? Doch wohl die mit den soliden Finanzkennzahlen, der sauberen Corporate Governance, einer vernünftigen Produktpalette und einem Firmenimage, das ohne Fehl und Tadel ist.

Im Prinzip ja.

Trotz alledem steht aber bei der Zusammenstellung eines Aktienportfolios an erster Stelle immer das Prinzip der Diversifikation. Im fünften Kapitel wird nämlich analytisch (bzw. mit Hilfe von Grafiken) aufgezeigt, dass ein breit diversifiziertes Portfolio einer Einzelanlage immer überlegen ist. Anlagefonds und sonstige Kollektivanlagen mögen zwar nicht besonders interessant scheinen, bilden aber anlagestrategisch noch immer die Basisanlage schlechthin.

Ein zeitgemässes Buch über Anlagestrategien kommt nicht umhin, sich Gedanken über die Vor- und Nachteile alternativer Anlagen und hier insbesondere über Hedge Funds zu machen. Die Hedge-Fund-Industrie hat in den letzten Jahren einen gewaltigen Boom erlebt. Während im

Jahre 1990 knapp 40 Milliarden US-Dollar als Hedge Funds verwaltet wurden waren es im Jahre 2002 bereits annähernd 700 Milliarden.

Das wesentlich Neue an den Hedge Funds ist die Tatsache, dass sie sich nicht an irgendeiner Benchmark – zum Beispiel einem Aktienindex – orientieren. Sie versuchen, einen absoluten, von der jeweiligen Marktlage unabhängigen Gewinn zu erwirtschaften. Im Gegensatz zu den Managern traditioneller Anlagefonds sind die Hedge-Fund-Manager sowohl in der Wahl der Märkte als auch der Instrumente oft völlig frei. Sie können in ein breites Spektrum von Anlageformen und Instrumenten investieren und agieren weltweit auf einer Vielzahl von Märkten. Sie handeln mit Aktien, Rohstoffen, Devisen, Obligationen und Derivaten wie Optionen, Swaps und Futures. Sie können auf steigende oder fallende Kurse setzen und sind so in der Lage, eine stetige Wertsteigerung auch dort zu erzielen, wo traditionelle Anlagen an Wert verlieren.

Das klingt alles wunderbar und könnte fast eins zu eins einer Verkaufsbroschüre für Hedge Funds entnommen sein. Aber auch hier wachsen die Bäume nicht in den Himmel und es wäre eine Illusion zu meinen, die Finanzindustrie hätte die «eierlegende Wollmilchsau» entdeckt, die es dann auch noch umsonst gäbe. Wer bis zum sechsten Kapitel durchgelesen hat, weiss, dass man bei allzu blumiger Beschreibung von Renditemöglichkeiten etwas vorsichtig sein sollte.

Im Kapitel sechs werden die verschiedenen Möglichkeiten der Anlage in Hedge Funds vorgestellt und eine konstruktiv-kritische Auseinandersetzung mit den verschiedenen Strategien und Renditezusammenstellungen präsentiert.

Es wird aufgezeigt, dass viele der Entwicklungen, die in den letzten Jahren aus dem Hedge-Fund-Bereich gekommen sind, in die richtige Richtung weisen. Auch bringen sie eine eindeutige Erweiterung der systematischen Basis der Portfolioanalyse in Richtung eines besseren Verständnisses der Risiko- und Rendite-Prozesse an den Finanzmärkten. Trotzdem wird hier die Meinung vertreten, dass die gesamte Branche noch viel zu inhomogen und intransparent ist, um eine eigenständige Anlageklasse zu etablieren. Die Tatsache, dass es den Marketingabteilungen der Banken und Wertschriftenhäuser schon lange gelungen ist, Hedge Funds als selbständige Klasse mit klar identifizierten Eigenschaften zu definieren, ändert nichts an dieser Tatsache. Es führt aber sicher dazu, dass viele Anleger im Zweifelsfall schon heute Produkte in ihren Portefeuilles haben, die überhaupt nichts mit irgendeinem Index – auch einem Hedge-Fund-Index – zu tun haben und auch völlig andere Risiko- und Ertragseigenschaften aufweisen, als sich die Anleger ursprünglich gedacht haben.

Das siebte Kapitel ergründet ein Thema, das von den Anlegern viel zu lange stiefmütterlich behandelt worden ist. Es ist die Kosten- und Gebührenstruktur der verschiedenen Anlageprodukte, -strategien und -vehikel. Vielleicht ist diese Vernachlässigung auch verständlich. Wenn wir Renditen von fünfzehn und mehr Prozent einfahren, wie dies nicht selten in der zweiten Hälfte der 90er-Jahre der Fall war, dann sind Kommissionen von ein oder zwei Prozent zu verkraften. Wenn wir aber – wie im vorliegenden Buch – die Hypothese vertreten, dass die Renditen in den nächsten Jahren wohl geringer ausfallen dürften als im Durchschnitt der letzten 30 Jahre, und sich gleichzeitig die Kommissionssätze massiv erhöhen, dann verdienen die Gebührenstrukturen durchaus eine kritische Betrachtung. Im Kapitel sieben werden die Kosten diverser klassischer aber auch alternativer Vehikel untersucht und einander gegenübergestellt. Die Ergebnisse sind erstaunlich und werden noch einem manchen Leser – und potentiellen Investor – die Augen für die Brisanz dieses Themas öffnen.

Das Buch schliesst mit einer Zusammenfassung und einigen Grundsatzüberlegungen für den sensibilisierten Privatanleger.

1. Kapitel
Ein leichter Cocktail aus Geschichte und Statistik

Einleitung
Geschichte hört nicht auf zu sein, nur weil wir sie negieren

Wir leben in einer geschichtsleeren Zeit. Der Tag gehört den jungen Revolutionären, die sich den alten Traditionen entgegenstemmen und es sich erlauben, historische Zusammenhänge in Frage zu stellen und zu negieren. Diese Einsicht ist weder besonders originell noch neu. Doch sind es nicht häufig die gestrigen Revolutionäre, die – nachdem ihre Sohlen auch schon etwas abgelaufen sind – sich plötzlich wieder auf historische Zusammenhänge berufen? Oder wie es einst Bruno Kreisky so treffend formulierte: Die Rache der Geschichte an jungen Revolutionären besteht darin, dass sie in späteren Jahren mit Frack und Orden zum Opernball gehen müssen.

Glaube und Misstrauen gegenüber historischen Zusammenhängen spielen an den Finanzmärkten eine ähnliche Rolle wie auch sonst im Alltag. Jede Generation hat das Recht – und nimmt es sich auch –, die Geschichte, wenn nicht neu zu erfinden, dann doch neu zu interpretieren. Gerade an den Finanzmärkten wird uns immer wieder aufs Neue – und in der Regel auch von neuen «Experten»! – klar gemacht, dass die jeweils aktuelle Situation in ihrer Konstellation einzigartig sei und deswegen auch neuartige Verhaltensmuster – und oft natürlich auch neuartige Produkte – rechtfertigen würde. Das war so beim «Japan Bubble» in den späten 80er-Jahren, als einem die damaligen Japananalysten wehmütig auf die Schultern klopften mit der Bemerkung, man würde Japan halt nicht verstehen, dort seien Price/Earnings Ratios von über 100 normal. Das sei eben «New Economy». Oder ebenso beim «Dot.Com Bubble» in den späten 90er-Jahren als Unternehmen, die noch nie einen Euro Gewinn erwirtschaftet hatten, zu Börsenkapitalisierungen gehandelt wurden, die derjenigen der UBS oder der Deutschen Bank ähnlich waren. Wenn man auf solche irritierende Fakten aufmerksam machte, dann wurde von den jüngeren Kollegen, die im Zweifelsfall noch nie eine Korrektur am Aktienmarkt erlebt hatten, natürlich wiederum wehmütig eingeworfen, es würde endlich Zeit, dass man sich an die «neuen Paradigmen» gewöhne.

Das Gleiche Bild bot sich aber selbstverständlich auch auf der anderen Seite. Nach der über zweijährigen Korrektur an den Aktienmärkten war es Anfang 2003 in etwa allen klar, dass man an den Aktienmärkten wohl jahrelang nichts mehr verdienen würde. «The party is over» titelten die Frontblätter der wirtschaftlichen Intelligentia. Sogar Bankenchefs wagten die Aussage, der Dow Jones würde jahrelang die 10 000er-Marke nicht mehr erreichen, nur um einige wenige Monate später Augen reibend eines Besseren belehrt zu werden.

Bei all diesem Neuartigen, den Produkten und den Analysen, die da laufend von den Finanzabteilungen der Banken auf uns herunterprasseln, hat aber der geneigte Beobachter der Szene der letzten 30 Jahre oder der Studierende der Finanzmarktgeschichte gelegentlich seine Déjà-vu-Erlebnisse. Wir haben genügend an «New Wave», «New Paradigm» und «New Economy» auf der einen oder «Sklerosen», «Strukturschwächen» und Rezessionen auf der anderen Seite gesehen, um trotz all diesem kürzerfristigen «Noise» die längerfristigen Tendenzen doch noch herauslesen zu können. Dies kann an den Finanzmärkten gelegentlich durchaus zum eigenen Nutzen gereichen. Denn auch wenn man sich darüber einig ist, dass die Entwicklungen an den Märkten ausgesprochen schwierig vorauszusehen oder – um hier für einmal in den technischen «Slang» zu verfallen – die Märkte ziemlich effizient sind, so scheint doch auch eine gewisse Einigkeit darüber zu bestehen, dass Strategien, die längerfristig ausgerichtet sind und längerfristige Konzepte zum Inhalt haben, dem kurzfristigen Hecheln nach den neuesten Moden und dem blinden Nachbeten hartnäckiger Mythen bei weitem überlegen sind. Auch wenn Langfristigkeit auf den ersten Blick nicht sehr attraktiv erscheint und es auf den zweiten Blick vor allem für traditionell agierende Banken in der Tat auch gar nicht ist.

Solchen, eher historisch orientierten Fragestellungen, widmet sich unser erstes Kapitel. Es geht hier zum einen um eine Darstellung der historischen Entwicklungen an den Finanzmärkten selbst sowie um eine historische Einbettung der Entwicklungen der letzten paar Jahre. Und wenn wir Darstellung schreiben, dann meinen wir das auch so. In der Tat lassen sich allein mit darstellerischen Möglichkeiten die unterschiedlichsten Assoziationen wecken, was auch oft getan wird – nicht immer zum Vorteil der Anleger. Wir wollen versuchen, die Aufmerksamkeit der geneigten Leserschaft für solche Aspekte zu schärfen, denn tatsächlich ist es ja bei Anlageprodukten ähnlich wie bei sonstigen Angeboten auch: C'est le ton qui fait la musique und die Verpackung scheint oft wichtiger als der Inhalt. Nur hat uns das Leben gelehrt, bei falschen Tönen in der Musik aufzuhorchen. Finanzanalytisch «falsche Töne» hört man weniger gut – und sie lassen sich besser verstecken.

Die Geschichte der Aktien- und Rentenmärkte

Über die langfristigen Entwicklungen der Aktienmärkte ist viel geschrieben und viel gesagt worden. Immer wieder finden sich in den einschlägigen Zeitschriften und Magazinen Grafiken zur Historie des Auf und Ab der Aktienpreise. Die Muster sind überall ähnlich: eine nervöse, sich unstetig nach oben bewegende Kurve, die jeden Moment aus- oder abzubrechen droht. Je älter oder ausgeprägter dabei die Tradition der Aktienfinanzierung relativ zur Kreditfinanzierung in einem Land ist, desto länger scheinen auch die Zeitreihen zu sein, die für die Analyse solcher Entwicklungen zur Verfügung stehen.

In den *Abbildungen 1.1 bis 1.3* finden sich diese Muster für die USA, die Schweiz und Deutschland.

4   1. Kapitel: Ein leichter Cocktail aus Geschichte und Statistik

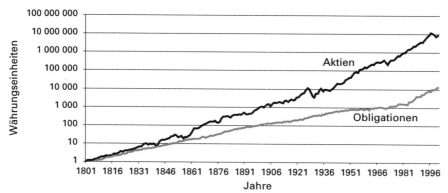
Abb. 1.1: Langfristige Entwicklung des US-Aktien- und US-Bondmarktes (1800–2003)

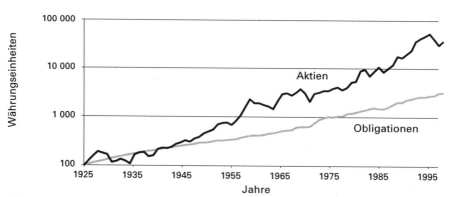
Abb. 1.2: Langfristige Entwicklung des CH-Aktien- und CH-Bondmarktes (1925–2003)

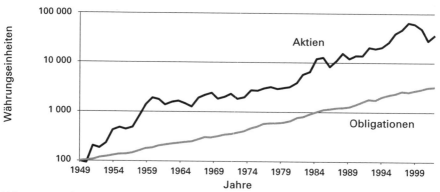
Abb. 1.3: Langfristige Entwicklung des Deutschen Aktien- und Obligationenmarktes (1949–2003)

Wir haben unterschiedliche Zeitperioden gewählt. Für Deutschland von 1950 bis 2003, für die Schweiz von 1925 bis 2003 und für die USA von 1800 bis 2003.[2] Dies hat verschiedene Gründe. Zum einen hat es natürlich mit der Verfügbarkeit der Daten zu tun. Zum anderen ging es aber auch darum zu untersuchen, ob sich allfällige historische Muster auch in etwas kürzeren Perioden wiederfinden. Neben den Aktienindizes stellen wir für jedes Land die Entwicklung eines repräsentativen Obligationen- bzw. Rentenindexes dar.

Unabhängig von der Länge der gewählten Zeitfenster sehen die Muster ähnlich aus. Das soll aber nicht darüber hinwegtäuschen, dass die Indizes nicht unbedingt überall das gleiche darstellen. Ein Aktienindex in einem Land braucht keineswegs das Gleiche abzubilden, wie der Aktienindex in einem anderen. So ist bekannt, dass z.B. die Sektorenzusammensetzung in Deutschland völlig andere Eigenschaften hat als die Zusammensetzung des breiten Indexes in der Schweiz, der von Novartis und Nestlé und von zwei Grossbanken dominiert wird. Ferner ist natürlich der US-Index aus dem Jahre 1900 auch nicht mehr mit dem S&P500 des Jahres 2004 zu vergleichen. All dies sind wichtige Aspekte bei der Detail-Beurteilung der Historie der Aktienmarktentwicklung. Wenn wir uns aber wie in den Abbildungen 1.1–1.3 für die generellen Tendenzen interessieren, dann treten diese Aspekte in den Hintergrund; ähnlich wie die Detailzusammensetzung des Konsumentenpreisindexes in unterschiedlichen Ländern von untergeordneter Bedeutung ist, wenn wir uns für generelle Inflationsfragen interessieren.

---

2   Es ist relativ schwierig, vernünftige und einigermassen konsistente Daten für eine solche Analyse zu erhalten. Der Datensatz für die USA stammt von der Wharton School der University of Pennsylvania und wird dort insbesondere von JEREMY SIEGEL bearbeitet. Sein wichtiges Werk «Stocks for the Long Run» beschreibt im Detail die Quelle der Daten und zeigt deren Eigenschaften (www.jeremysiegel.com). Die Daten für Deutschland wurden freundlicherweise von Prof. Stehle am Finanzlehrstuhl der Humboldt-Universität, Berlin zur Verfügung gestellt. Vgl. z.B. STEHLE, R., Renditevergleich von Aktien und festverzinslichen Wertpapieren auf Basis des DAX und des REXP, Working Paper Humboldt-Universität zu Berlin, 1999. Die Umlaufrenditen von Pfandbriefen (1949–1954) und von Staatsanleihen stammen von KIELKOPF, K., Performance von Anleiheportfeuilles: Konzepte, Vergleichsmassstäbe, Leistung Deutscher Rentenfonds, Dissertation, Gabler, 1995. Sie wurden ebenfalls vom Lehrstuhl von Herrn Stehle zur Verfügung gestellt. Die Daten für die Schweiz stammen von der Banque Pictet & Cie in Genf.

Wir haben die Indizes zu Beginn der jeweiligen Betrachtungsperiode auf 100 normiert (USA auf 1). Der graue Kurvenverlauf zeigt die Entwicklung des Rentenindexes und der schwarze Verlauf, den des Aktienindexes. Mit der Indexierung bilden wir quasi das Verhalten eines Investors ab, der zu Beginn der jeweiligen Periode 100 Währungseinheiten in den Index investiert, während der Betrachtungsperiode investiert bleibt und nach Ablauf der Periode, also Ende 2003, schaut «was daraus geworden ist». Eine typische so genannte Buy-and-Hold-Strategie über eine nota bene unglaublich lange Zeitperiode.

Ein Blick auf die Grafiken zeigt, dass sich die investierten Währungseinheiten allesamt vervielfacht haben und dass der Aktienindex dem Rentenindex weit davon läuft; je länger die Zeitperiode, desto mehr. In den USA stieg beispielsweise der Aktienindex in den 200 Jahren von 1 auf rund 10 Millionen, während der Rentenindex gerade einmal auf etwa 15 000 anstieg. In der Schweiz stieg der Aktienindex von 1925 bis Ende 2003 von 100 auf rund 38 000 (der Rentenindex auf etwas über 3 000) und in Deutschland von 1949 bis Ende 2003 von 100 auf ebenfalls rund 38 000 (bzw. auf 3 300).

Hätte man so investieren können? Einfach nur die Indizes kaufen? Zur damaligen Zeit wohl kaum. Heute wäre dies aber durchaus möglich. Heute sind weltweit so genannte Index-Strategien, bei welchen völlig passiv in die jeweiligen Indizes bzw. Märkte investiert wird, sehr populär und werden von immer mehr insbesondere institutionellen Investoren verwendet. Wir werden noch im Detail auf solche Strategien und deren Rechtfertigung zurückkommen.

Nun sind Grafiken wie die obigen und die entstehenden Zahlen zwar beeindruckend, vermögen aber analytisch nicht viel herzugeben. Was bedeuten schon Entwicklungen, die über mehrere Jahrzehnte von hundert auf hunderttausende ansteigen. An den Finanzmärkten interessieren vielmehr die per annum erzielbaren Renditen. Wir bestimmen diese aus den auf den letzten Seiten gezeigten Grafiken bzw. den Indexzahlen, die den Grafiken zugrunde liegen.

In *Abbildung 1.4* haben wir die entsprechenden Zahlen visualisiert.

Die Überlegenheit der Aktie gegenüber der Rente wird deutlich. Und zwar unabhängig von der Betrachtungsperiode und bei allen drei Ländern. Deutlich werden aber auch die mit den beiden Anlagemedien

1. Kapitel: Ein leichter Cocktail aus Geschichte und Statistik

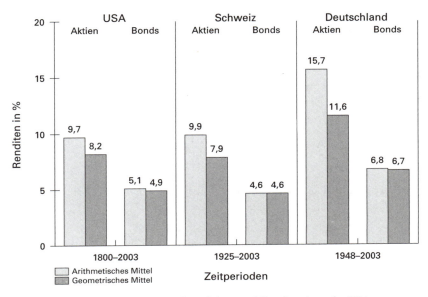

Abb. 1.4: Durchschnittsrenditen an den Aktien- und Bondmärkten der USA (1800–2003), der Schweiz (1925–2003) und Deutschlands (1948–2003)

erzielbaren Renditen. Sie liegen im Aktienbereich zwischen 8 und 15 Prozent per annum und im Rentenbereich zwischen 4,5 und 7 Prozent.

Dabei betrachten wir sowohl die geometrischen als auch die arithmetischen Durchschnitte. Der arithmetische Durchschnitt bezeichnet das Mittel der jährlichen Einzelrenditen und das geometrische Mittel errechnet sich aus der Zinseszinsverkettung von Anfang bis Ende der Periode. Das geometrische Mittel liegt üblicherweise tiefer als das arithmetische, da bei geometrischer Verknüpfung jede negative Rendite zuerst durch eine überproportionale, positive Rendite wieder aufgeholt werden muss.

Die Ertragsraten bei den Aktien mögen denjenigen frustrieren, der bisher der Illusion unterlag, an den Aktienmärkten würde man meistens zweistellige Renditen verdienen, gleichzeitig aber denjenigen positiv überraschen, der nach den Erfahrungen der Jahre 2000 bis 2002 geglaubt hat, an den Aktienmärkten gäbe es nur Risiken und keine Renditen. Die Zahlen belegen – einmal mehr –, dass die Bäume nicht in den Himmel wachsen, aber dass mit genügend Geduld – sprich: einem vernünftigen Anlagehorizont – bis anhin die hohen Kurzfristrisiken immer

	Land	1800–1900 (in %)	1900–2000 (in %)	1950–2003 (in %)
Aktien	USA	6,9	10,2	11,6
	CH*	–	8,7	9,1
	D	–	–	11,6
Bonds	USA	4,9	4,7	5,7
	CH*	–	4,5	4,7
	D	–	–	6,7
Risikoprämien	USA	2,0	5,5	5,9
	CH*	–	4,2	4,4
	D	–	–	4,9

Tab. 1.1: Geometrische Mittel für die Renditen und Risikoprämien in unterschiedlichen Zeitfenstern (* ab 1925)

durch höhere Erträge abgegolten wurden. Die *Tabelle 1.1* enthält zusammenfassend nochmals einige Durchschnittsrenditen für unterschiedliche Zeitfenster.

Dabei stützen wir uns auf die geometrischen Mittel und errechnen in der dritten Zeilengruppe die so genannte Risikoprämie, d.h., die Differenz in den durchschnittlichen Ertragsraten. Sie gibt einen Hinweis darauf, wie gross das «Schmerzensgeld» oder die Belohnung dafür ist, dass man die grössere kurzfristige Volatilität der Aktie gegenüber der Rente aushält.

Die *Abbildung 1.5* illustriert mit den Aktien- und Rentenrenditen weiterer Länder exakt für das letzte Jahrhundert (von 1900 bis 2000), dass unsere Schlussfolgerungen nicht nur für die oben genannten drei Länder Gültigkeit haben, sondern auch für ein viel grösseres Set von Ländern.[3] Die jeweils dunklen Balken zeigen die durchschnittlichen Aktienrenditen, die hellen Balken die durchschnittlichen Renditen der Obligationen.

Sowohl die Überlegenheit der Aktie als auch die Grössenordnung der per annum erzielbaren Renditen bestätigt sich in einem internationalen Querschnitt über hundert Jahre.

---

3 Die hier verwendete Datenbasis entstammt einer detaillierten Studie zu den längerfristigen Finanzmarktentwicklungen, die an der London Business School erarbeitet wurde. Vgl. DIMSON, E./MARSH, P./STAUNTON, M., Triumph of the Optimists, Princeton University Press, 2002.

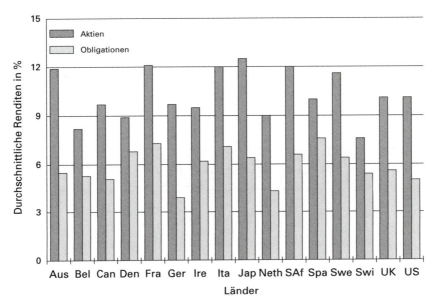

Abb. 1.5: Renditen von Aktien und Renten in 16 Ländern von 1900 bis 2000 (Quelle: Dimson/Marsh/Staunton, 2002)

Nun mag der eine oder andere einwenden, dass wir bis anhin nur nominelle Zahlen bzw. Indexentwicklungen angeschaut haben, diese Zahlen aber vielleicht durch inflationäre Entwicklungen aufgebläht sind. Das ist an sich richtig, auch wenn es anzumerken gilt, dass eine inflationäre Entwicklung sich ebenso in den Renditen der Anleihen wie in denjenigen der Aktien niederschlagen müsste. *Abbildung 1.6* enthält die gleiche Zusammenstellung wie Abbildung 1.5, nun aber bereinigt um die Inflationsraten in den jeweiligen Ländern.

Die Überlegenheit der Aktie zeigt sich auch hier. Sie geht sogar noch weiter. Während in einzelnen Ländern die *reale* – sprich: um die Inflation bereinigte – Rendite der Obligationen negativ wird, ist dies bei den Aktien nirgends festzustellen.

Die Grundaussage bleibt überall die gleiche. In der längerfristigen Betrachtung ist die Aktie der Rente bzw. Obligation sowohl nominell als auch real, in der geometrischen wie auch der arithmetischen Sicht immer überlegen.

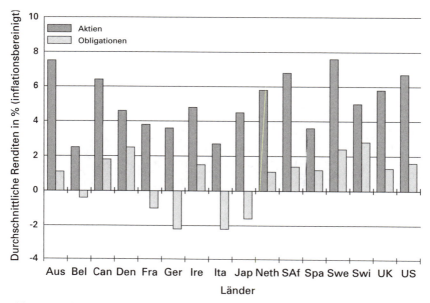

Abb. 1.6: Reale Renditen von Aktien und Renten in 16 Ländern von 1900 bis 2000 (Quelle: Dimson/Marsh/Staunton, 2002)

Dem in der Interpretation von Finanzgrafiken geübten Leser mag aufgefallen sein, dass wir in den Abbildungen 1.1 bis 1.3 eine logarithmische Skala verwenden: Die Einheiten auf der vertikalen Achse der Grafiken steigen nicht linear, sondern exponentiell an. Dies ist das Standardvorgehen bei Finanzgrafiken, weil man bei «normaler Darstellung» sonst nur eine Zinseszinsfunktion aufzeichnet und ein grosser Teil der in den Daten vorhandenen Information verloren geht.[4] Dies ändert nichts an der Tatsache, dass vielerorts immer wieder die nominale Darstellung verwendet wird. Gelegentlich beschleicht einem das Gefühl, solches Vorgehen diene mehr der Untermauerung irgendwelcher Vorurteile und vielleicht sogar dem besseren Vermarkten bestimmter Anlageprodukte, als einer objektiven Auseinandersetzung mit Fragen der

---

4 Man trägt mit der logarithmischen Darstellung der Tatsache Rechnung, dass beispielsweise ein Kurssprung von 20% auf einem Niveau von 100 (d.h. ein Sprung von 100 auf 120) in absoluten Zahlen (also die absolute Veränderung von 20) etwas ganz anderes ist, als auf einem Niveau von 10 000 (von 10 000 auf 12 000), obwohl es wirtschaftlich eigentlich das Gleiche ist. Die logarithmische Darstellung bringt diese wirtschaftliche Gleichheit zum Vorschein.

Aktienmarktbewertung oder dem Vergleich unterschiedlicher Anlagekategorien.

Die *Abbildungen 1.7* zeigen die von uns untersuchten Länderindizes, diesmal in nicht-logarithmierter Form.

Auch hier sind die Muster natürlich ähnlich. Ausgehend von einem Anfangswert von 100 (1 im Falle der USA) und den identischen Schlusswerten wie in den Abbildungen 1.1 bis 1.3, entsteht hier aber der Eindruck, in den ersten Jahren bzw. Jahrzehnten sei an den Aktienmärkten gar nichts passiert, und dann etwa in den 90er-Jahren habe eine veritable «Explosion» stattgefunden, die ab etwa 2000 wieder in sich zusammenbricht. Solche Darstellungen sind tendenziös und in ihrer Aussage schlichtweg falsch. Wie falsch sie sind, zeigt ein einfaches Zinseszins-Beispiel in *Abbildung 1.8*, bei der wir ebenfalls im Jahre 1925 mit 100 starten und jedes Jahr einen Zins von 6,5 oder von 5% bezahlen.

Auch diese Kurve «explodiert» in ähnlicher Art und Weise wie die nominale Aktiengrafik. Zinseszinsfunktionen sind eben exponentielle Funktionen, wie wir das schon in der Mittelschule gelernt haben. Es ist fragwürdig, um nicht zu sagen tendenziös, sie zur Interpretation beispielsweise langfristiger Aktienmarktbewegungen zu verwenden.

Natürlich lässt sich eine solche Darstellung in bestimmten Phasen glänzend verwenden: etwa für den Verkauf von Produkten mit Kapitalgarantie oder so genannter «Total-Return-Strategien» – zum Beispiel nach Beginn der Korrekturen an den Märkten um 2002. Denn durch die Grafik wird suggeriert, der Korrekturbedarf an den Aktienmärkten habe eben erst begonnen und werde wohl noch jahrelang weitergehen. Zu solchem Vorgehen schweigt des Autors Höflichkeit, denn solange potentielle Anleger solche Mechanismen durchschauen, sind diese auch nicht wirklich ein Problem.

Eine weitere Unsitte bei der Verwendung von Indexgrafiken ist die beliebige Vermischung unterschiedlichster Indizes wie Preisindizes und Total-Return-Indizes. Die meisten Kursentwicklungen, die wir täglich in den Printmedien oder an Rundfunk und Fernsehen kommentiert bekommen, basieren auf reinen Preisindizes. Das ist auch gut so, denn bei der täglichen Berichterstattung darüber, was an den Weltbörsen geschieht, will ich in erster Linie über die Entwicklung der Kurse orientiert werden. Dies tun die Preisindizes. Sobald es aber darum geht, was

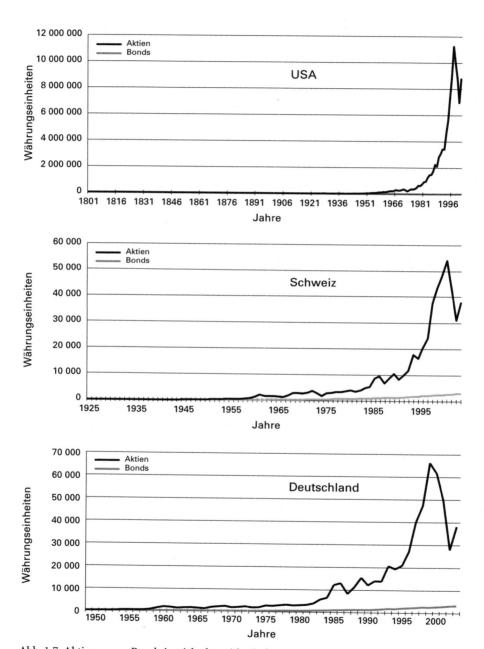

Abb. 1.7: Aktien versus Bonds in nicht-logarithmischer Darstellung (USA, Schweiz und Deutschland) für die unterschiedlichen Zeitfenster

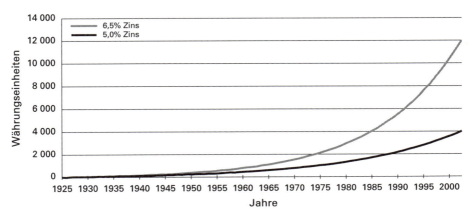

Abb. 1.8: Grafiksimulation mit Zins und Zinseszins über 75 Jahre

Aktien-Engagements langfristig an Gesamterträgen erbringen, spielen auch eventuelle Ausschüttungen – sprich: Dividenden – eine Rolle. Und hierüber orientieren nur die Gesamtertrags-Renditen, die so genannten Total-Return-Indizes. D.h. bei der Analyse der Aktie als Anlagekategorie muss ich die traditionellen Indizes um Ausschüttungen bereinigen, wenn ich nicht a priori einen Total-Return-Index vor mir habe.

Die *Tabelle 1.2* zeigt beispielhaft auf, in welche Kategorien einige häufig verwendete Indizes gehören.

Index	Indexkategorie
SMI (Schweiz)	Preisindex
SPI (Schweiz)	Total-Return-Index
S&P500 (USA)	Preisindex
Dow Jones (USA)	Preisindex
DAX (Deutschland)	Total-Return-Index

Tab. 1.2: Einige Aktienindizes und ihre Eigenschaften

Die Kenntnis dieser Zusammenhänge beugt Missverständnissen vor, die oft dazu führen, dass langfristige Zusammenhänge zwischen unterschiedlichen Anlageklassen völlig falsch wiedergegeben werden.[5]

Ein illustratives Beispiel hierfür liefert die oft gemachte Aussage, die Geschichte der Aktienbörsen zeige, dass man mit Aktien schon wiederholt während Jahrzehnten nichts verdient habe. Zur Illustration dieser Aussage wird dann beispielsweise der amerikanische Standard & Poors-Aktienindex (S&P) seit 1871 herangezogen, mit welchem sich in der Tat über die letzten 130 Jahre mehrere Jahrzehnte identifizieren lassen, während denen sich der Index nicht vom Fleck bewegt hat (siehe *Abbildung 1.9*).

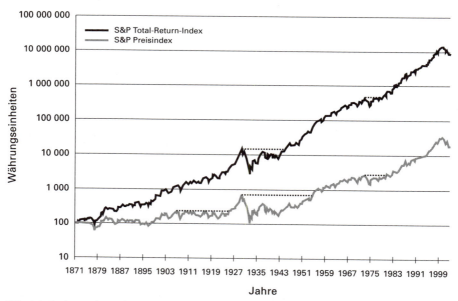

Abb. 1.9: Preis- und Total-Return-Indizes am US-Aktienmarkt

Die Kurve zeigt Null-Renditen zwischen 1905 und 1927, dann wiederum zwischen 1929 und Mitte der 50er-Jahre – während jeweils über 20 Jahren! – sowie zwischen 1970 und Mitte der 80er-Jahre. Aber nur für

---

5 Vgl. hierzu beispielsweise eine Diskussion in der Neuen Zürcher Zeitung: SCHILTKNECHT, H./DATEL, H./MUDRAK, S., Sind Aktien den Obligationen wirklich überlegen, NZZ vom 22.4.2002; bzw. HERI, E.W./KUNZ, R., Aktien und Obligationen im Renditevergleich, NZZ vom 17.5.2002.

die Kursentwicklung (der S&P ist entsprechend Tabelle 1.2 ja ein Preisindex). Wenn wir die Dividenden berücksichtigen, die über die gleiche Zeit ausgeschüttet wurden, dann entsteht in Abbildung 1.9 die obere der beiden Kurven. Und diese liefert wiederum unser Standardbild aus den vorhergehenden Abbildungen. Somit steigen unsere 100 Dollars beim S&P eben nicht auf die dargestellten etwas über 10 000, sondern auf die vorher schon verwendeten rund 10 Millionen Dollar. In Zahlen ausgedrückt bedeutet dies: Von den rund 9%, die der S&P-Gesamtindex zwischen 1871 und 2003 im Durchschnitt per annum erbracht hat, stammen rund 4% von den Dividenden und die restlichen 5% von den Kursveränderungen. Lässt man die Dividenden weg, werden fast 50% der Gesamterträge für den Investor nicht in die Berechnungen miteinbezogen. Das ist zwar nicht legitim, wird in verschiedenen Research-Publikationen aber trotzdem immer wieder gemacht. Aber auch hier: Vielleicht hat man ja gerade im Sinn, ein Produkt zu verkaufen, dass eben kein Aktienelement enthält, dann lässt sich mit reiner Preisindex-Argumentation natürlich eine bessere Story aufbauen. Auch bei solchem Vorgehen schweigt des Autors Höflichkeit. Historische Analyse öffnet halt Tür und Tor zu beliebiger Interpretation.

Und die Risiken?

Nun sind aber reine Index- oder Kursentwicklungen über Jahrzehnte oder gar Jahrhunderte hinweg – sowie die daraus entstehenden langfristigen Renditedurchschnitte – das eine, die Schwankungen um diese Durchschnitte aber etwas völlig anderes. Denn wer hält schon Aktien mit einem über hundertjährigen oder auch «nur» 30-jährigen Horizont? Was uns mit anderen Worten interessiert, ist weniger die Wertentwicklung über dreissig oder mehr Jahre, als vielmehr die Schwankung unseres Vermögens von einem Jahr zum anderen. Das heisst: Uns interessiert zwar der längerfristige Durchschnitt, aber auch wie er zustande kommt. Also beispielsweise wie die durchschnittlichen Ertragsraten aussehen, wenn wir die Aktien ein Jahr, fünf Jahre, zehn Jahre etc. halten. Mit solchen Fragen beschäftigen sich die nachfolgenden Darstellungen.

Abbildung 1.10 zeigt für die von uns verwendeten Daten der USA, der Schweiz und Deutschlands die *jährlichen* Aktienrenditen und deren Schwankungen.

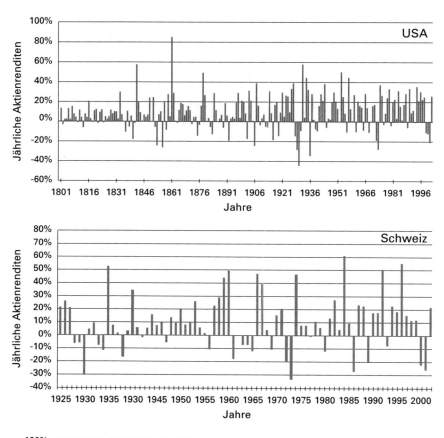

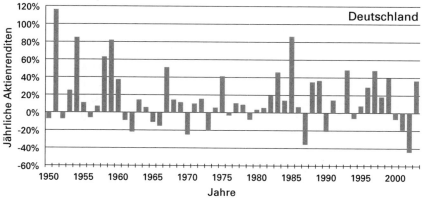

Abb. 1.10: Schwankungsbreite der jährlichen Renditen an den Aktienmärkten der USA, der Schweiz und Deutschlands

Auch mit dieser Darstellung simulieren wir quasi das Verhalten eines Investors. Nun aber nicht mehr von einem, der die Aktien zu Beginn der Periode kauft und bis am Ende behält, um «zu sehen was übrig bleibt», wie wir das in den Abbildungen 1.1–1.3 getan haben. Hier geht es um einen Investor, der jeweils Anfang Januar die Aktien kauft, um sie Ende Dezember wieder zu veräussern, und dann schaut, was in jedem einzelnen Jahr mit seinen Aktienengagements geschehen ist. Die Schwankungsbreite der Renditen von einem Jahr zum anderen wird hier nun deutlich. Verlustjahre von bis zu 50% werden abgelöst von ausgesprochenen Boomjahren mit Renditen von 50% und mehr. Die langfristigen Durchschnitte, wie wir sie in den Abbildungen 1.4 und 1.5 finden, müssen also ganz offensichtlich hart erlitten werden. Die letzten paar Jahre haben uns drastisch vor Augen geführt, wie schwer es ist, auch bei schlechtem Marktumfeld den langfristigen Horizont «durchzuhalten». Es wird deutlich, dass eine Darstellung wie in Abbildung 1.10 im eigentlichen Sinne das Risiko aufzeigt, das man mit einem Aktienengagement eingeht. Entsprechend hat es sich in der Finanzliteratur denn auch eingebürgert, ein statistisches Mass, das diese Schwankungsbreite um den langfristigen Durchschnitt misst, als Risikoindikator zu wählen: die so genannte Volatilität. Die Volatilität misst die mittlere Abweichung der einzelnen Beobachtungen vom langfristigen Durchschnitt.

Gauss lässt grüssen

Oft wird das kurzfristige Risiko, das wir mit Finanzanlagen eingehen, konzeptionell anders dargestellt als mit Schwankungsgrafiken wie in Abbildung 1.10. Weil wir in den unterschiedlichsten Anwendungen in der Finanztheorie mit Normalverteilungen arbeiten, werden auch die Renditen an den Aktienmärkten gern als Gauss'sche Kurve dargestellt und die entsprechenden Risiken in diesem Kontext erläutert. Grafisch lässt sich dies wie in *Abbildung 1.11* anhand der 77 Beobachtungen für die Schweiz darstellen.

In der Darstellung für die Gauss'sche Kurve bilden die Prozent-Renditen die Einheit auf der horizontalen Achse und die einzelnen Balken zeigen an, wie oft über die gesamte Periode die entsprechenden «Ereignisse» eingetroffen sind. Die Mitte der Verteilung zeigt in solchen Darstellun-

18　　　　　　　　　　　　　　1. Kapitel: Ein leichter Cocktail aus Geschichte und Statistik

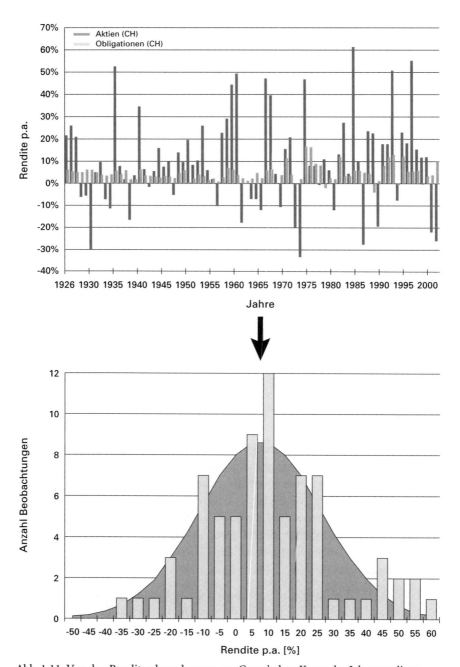

Abb. 1.11: Von den Renditeschwankungen zur Gauss'schen Kurve der Jahresrenditen

gen immer den langfristigen Durchschnitt an, und die Breite der Verteilung wird üblicherweise als Anlagerisiko bezeichnet.

Wir haben der Grafik als analytisches Instrument eine Normalverteilung unterlegt. Wir wollen damit zeigen, dass es für Anwendungen in der Finanztheorie durchaus Sinn machen kann, mit dieser Gauss'schen Normalverteilung weiterzuarbeiten, möchten hier aber bereits einflechten, dass sie nicht grundsätzlich verbindlich ist, da sich – die Grafik zeigt dies ebenfalls – doch einige der Beobachtungen ausserhalb der Gauss'schen Glocke abspielen. Bei gewissen Anwendungen ist dies von Bedeutung.

In *Abbildung 1.12* erweitern wir das Konzept um die Schwankungen der Renten und zeigen, wie sich die entsprechenden Verteilungen für die Renditen in Deutschland und der Schweiz darstellen lassen.

Natürlich ist die Verteilung für die Renditen aus den Rentenmärkten viel schmaler als für jene aus den Aktienmärkten – die jährlichen Schwankungen an den Rentenmärkten sind also viel geringer als an den Aktienmärkten –, dafür ist aber die Mitte der Verteilung bei den Aktien gegenüber der Verteilung bei den Renten leicht nach rechts verschoben, was den höheren Durchschnittsertrag repräsentiert.

Gauss'sche Darstellungen ermöglichen nicht zuletzt auch Aussagen über die Wahrscheinlichkeit gewisser Ereignisse. Man kann daraus beispielsweise ablesen, wie gross im Normalfall die Wahrscheinlichkeit ist, dass wir mit einer der beiden Anlagekategorien *nach einem Jahr* ein Negativergebnis verbuchen müssen. In Abbildung 1.12 wird diese Wahrscheinlichkeit durch die graue Fläche links der Nulllinie ausgedrückt.

Die Abbildung spricht für sich selbst und ihre Aussage entspricht auch in etwa dem, was wir erwartet hätten. Bei der Gauss'schen Kurve für die Aktien ist diese Wahrscheinlichkeit relativ gross – sie liegt bei über 30% –, während sie bei den Renten fast vernachlässigbar wird.

Soviel zu den kurzfristigen Risiken von Aktien und Renten und zum Konzept der Volatilität.

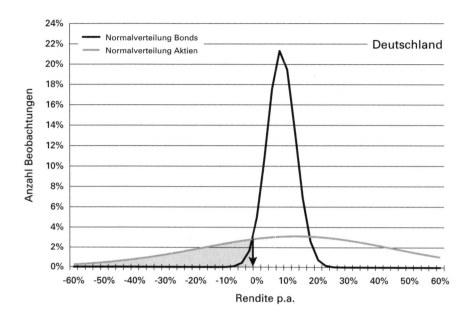

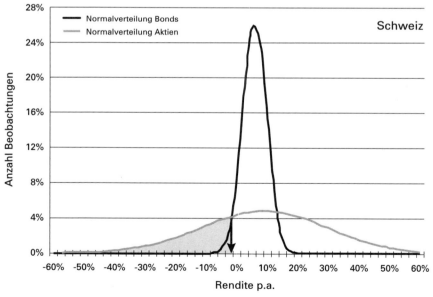

Abb. 1.12: Gauss'sche Verteilungen für die Aktien- und Rentenrenditen in Deutschland (1949–2003) und der Schweiz (1925–2003)

Wie lange ist «lang»?

Sowohl die Volatilität als auch die Darstellungen in den Abbildungen 1.10 bis 1.12 konzentrieren sich auf die jährlichen Schwankungen. Wenn wir aber einen langfristigen Anlagehorizont haben, dann sind die jährlichen Schwankungen nicht relevant. Vor allem dann nicht, wenn wir davon ausgehen können, dass sich schlechte und gute Jahre in unregelmässiger Abfolge in etwa die Waage halten. Wenn dem aber so ist, stellt sich die Frage, wie lange ein «langfristiger Anlagehorizont» zu sein hat, damit man einigermassen gesichert davon ausgehen kann, mit seinem Aktienengagement keine Verluste zu erleiden.

Um dieser Frage auf den Grund zu gehen, haben wir die besten und die schlechtesten Renditen für unterschiedlich lange Anlageperioden berechnet und in *Abbildung 1.13* dargestellt. Wir haben in unseren Berechnungen Anlagehorizonte von einem Jahr, zwei Jahren, fünf Jahren und zehn Jahren verwendet. Konkret wurde am Beispiel Deutschlands wie folgt vorgegangen: Die gesamte Renditereihe für den deutschen Aktienmarkt wurde zunächst in zweijährige Anlageperioden unterteilt. Die Aktien wurden anschliessend für jede einzelne Betrachtung Anfang des *ersten* Jahres gekauft und Ende des *zweiten* Jahres verkauft. Dann wurde errechnet, welche dieser 2-Jahresperioden innerhalb der Gesamtperiode das schlechteste und welche das beste Ergebnis erzielt hatte. Wir glauben, dass dies ein faires Bild des Risikos einer zweijährigen Halteperiode abgibt. Anschliessend wurde auf dieselbe Weise das Ergebnis für eine dreijährige, eine vierjährige usw. bis zur dreissigjährigen Halteperiode berechnet. Die jeweils besten und schlechtesten Ereignisse für diese verschiedenen Halteperioden sind in Abbildung 1.13 eingetragen.

Ganz links finden sich jeweils die besten/schlechtesten 1-jährigen Halteperioden[6], dann die 2-jährigen, 5-jährigen bis hin zu den 30-jährigen Halteperioden. Auch hier sind die Muster für die verschiedenen Länder natürlich ähnlich, auch wenn wir uns in unterschiedlichen historischen Perioden bewegen.

---

6 Diese können als Spezialfall natürlich direkt aus Abbildung 1.7. herausgelesen werden.

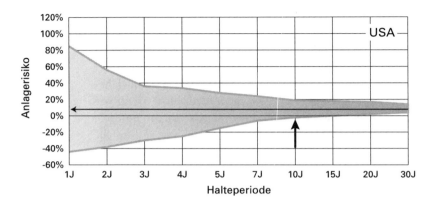

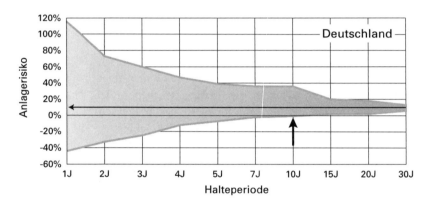

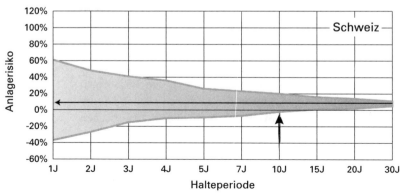

Abb. 1.13: Aktienrisiko bei zunehmendem Anlagehorizont für USA, Deutschland und die Schweiz

Was sogleich ins Auge sticht, ist die Tatsache, dass sich das so spezifizierte («Best/Worst») Risiko mit zunehmender Länge der Halteperiode – sprich: mit zunehmendem Anlagehorizont – verringert. Einerseits reduziert sich die Schwankungsbreite zwischen «Best» und «Worst», insbesondere vermindert sich aber das «Worst». Die Wahrscheinlichkeit, dass man auch nach 10 Jahren mit seinen Aktien noch «unter Wasser» ist, geht für alle drei Länder praktisch gegen Null.

Diese Darstellung und deren Konsequenz, dass bei 10-jähriger Haltedauer die Wahrscheinlichkeit sehr gering wird, mit Aktien Geld zu verlieren, zeichnen letztlich dafür verantwortlich, dass allgemein empfohlen wird, in Aktien nur dann zu investieren, wenn man mindestens über einen Anlagehorizont von 10 Jahren verfügt. Ausser man versteht die kurzfristigen Risiken, wie sie in den Abbildungen 1.12 und 1.13 dargestellt werden, und geht sie bewusst ein, um die entsprechenden Gewinnopportunitäten auszuschöpfen.

Natürlich sind diese Aussagen und die Gewichtung der Geschichte der Aktienrenditen nach den schlechten Aktienjahren zwischen 1999 und 2002 in Frage gestellt worden. Dies ist auch nicht verwunderlich. Mancher, der glaubte, im Prinzip einen langen Anlagehorizont zu haben und Ende der 90er-Jahre in die Aktienmärkte eingestiegen ist, hat Ende 2002 entnervt das Handtuch geworfen. Um dafür Beispiele aufzuzeigen, brauchen wir nicht einmal die Erfahrung tausender von Anlegern mit der Deutschen Telecom oder dem Neuen Markt zu bemühen – oder bei den Schweizern die Erfahrungen mit Swissair oder ABB –, auch wenn gerade diese Beispiele Geschichte gemacht haben. Wir werden im zweiten Kapitel bei der Diskussion von fundamentalen Aktienmodellen noch einmal auf die jüngsten Erfahrungen zurückkommen und sie in den historischen Kontext einbetten.

Abschliessend geht es hier noch um die Frage, wie sich per Ende 2003 die Situation für einen Investor präsentiert hat, der trotz der Unbill an den Märkten der letzten Jahre seine Aktienpositionen – vielleicht im Wissen um die längerfristigen Zusammenhänge – hat laufen lassen. Die Tabellen 1.3 und 1.4 versuchen, darauf einen Hinweis zu geben.

Die Frage, die in diesen Tabellen zu beantworten versucht wird, ist die folgende:

Beginn	Gesamtrendite bis Ende 2003 (in %)	Jahresrendite (in %)
1. Januar 1988	296,52	8,98
1. Januar 1989	198,61	7,56
1. Januar 1990	121,47	5,84
1. Januar 1991	183,58	8,34
1. Januar 1992	151,28	7,98
1. Januar 1993	156,64	8,94
1. Januar 1994	74,93	5,75
1. Januar 1995	90,91	7,44
1. Januar 1996	74,23	7,18
1. Januar 1997	37,26	4,63
1. Januar 1998	−6,70	−1,15
1. Januar 1999	−20,73	−4,54
1. Januar 2000	−43,01	−13,11
1. Januar 2001	−38,37	−14,90
1. Januar 2002	−23,16	−12,34
1. Januar 2003	37,08	37,08

Tab. 1.3: Unterschiedliche Performanceperioden am Deutschen Aktienmarkt

Welche Rendite – gesamt oder in Prozent per annum – hat ein Investor am Deutschen (Tab. 1.3) oder am Schweizer Aktienmarkt (Tab. 1.4) erreicht, wenn er zu Beginn unterschiedlicher Jahre (beginnend beispielsweise im Jahre 1988) investiert hat und bis Ende 2003 investiert geblieben ist?

Nehmen wir zur Illustration den Deutschen Investor, der seit Januar 1988 (erste Kolonne) investiert ist. Seine Gesamtperformance beträgt per 31.12.2003 rund 297% (zweite Kolonne) oder ziemlich genau 9% per annum (dritte Kolonne). Ähnliches gilt für den Anleger, der vor 10 Jahren investiert hat (Januar 1993). Seine Gesamtperformance beträgt rund 157% oder 8,9% per annum. Gleiches für den Schweizer

Beginn	Gesamtrendite bis Ende 2003 (in %)	Jahresrendite (in %)
1. Januar 1988	414,91	10,78
1. Januar 1989	320,34	10,04
1. Januar 1990	248,15	9,31
1. Januar 1991	336,14	11,99
1. Januar 1992	276,28	11,67
1. Januar 1993	219,85	11,14
1. Januar 1994	112,09	7,80
1. Januar 1995	129,59	9,67
1. Januar 1996	86,57	8,10
1. Januar 1997	57,71	6,72
1. Januar 1998	1,63	0,27
1. Januar 1999	−11,91	−2,50
1. Januar 2000	−21,13	−5,76
1. Januar 2001	−29,52	−11,01
1. Januar 2002	−9,61	−4,93
1. Januar 2003	22,06	22,06

Tab. 1.4: Unterschiedliche Performanceperioden am Schweizer Aktienmarkt

Investor: Wenn er Anfang 1988 investiert hat, liegt seine Gesamtperformance bei 415% oder rund 10,8% p.a. Und wenn er vor 10 Jahren begonnen hat, liegt sie bei 220% oder 11% p.a. Nur wer nach 1999 mit seinen Aktienengagements begonnen hat, der liegt heute noch oft im negativen Bereich, hat aber nota bene auch die 10 Jahre noch nicht aufgewendet (oder eben erlitten!), die es im Normalfall für eine positive Entwicklung einer Aktienanlage braucht.

Wiederholt sich die Geschichte aber wirklich? Vielleicht. Bisher hat sie es fast immer getan und es gibt keinen Hinweis darauf, dass sie diesmal eine Ausnahme machen wird.

Natürlich gibt es zu solchen Untersuchungen vieles zu sagen. Natürlich ist das fundamental-ökonomische Umfeld, das die Aktienrenditen antreibt, nicht einfach immer gleich. Tatsache ist aber, dass die Wirtschaftsaktivität und damit auch die Dynamik an den Aktienmärkten in langfristigen Zyklen ablaufen, sich über lange Zeitperioden gewisse Muster abzeichnen und sich bestimmte Gleichgewichtsansätze durchsetzen. Die neuere wissenschaftliche Literatur in diesem Bereich ist stark im Fluss. Vermehrt zeichnet sich aber ab, dass wir mit immer feineren statistischen Verfahren diesen langfristigen Gleichgewichten, die sich – wie so manches – viel leichter in grafischen als in statistisch/tabellarischen Darstellungen finden lassen, auf die Spur kommen. Wir werden an verschiedenen Orten in den nächsten Kapiteln auf entsprechende Arbeiten hinweisen.

2. Kapitel
Wie entstehen die Kurse? Gemischte Kost aus der (Hexen-) Küche der Finanztheorie

Einleitung
Aktienkurse fallen nicht einfach vom Himmel – steigen aber auch nicht einfach dorthin

Im ersten Kapitel haben wir uns auf die Frage konzentriert, wie sich die Aktien- und die Rentenentwicklungen der letzten Jahrzehnte oder gar Jahrhunderte darstellen lassen, d.h. auf die Geschichte der Kursentwicklung. Wir haben dies natürlich mit dem Hintergedanken getan, etwas aus der Geschichte der Aktien- und Rententendenzen lernen zu können. Lernen, nicht zuletzt auch im Hinblick darauf, was uns in der Zukunft erwarten könnte. Dabei sind wir ohne Illusionen bezüglich der kurzfristigen Entwicklungen aber durchaus guten Mutes hinsichtlich der eher langfristigen Tendenzen.

Nun entwickeln sich die Kurse aber nicht «einfach so», sondern sind das Ergebnis einer Reihe von Faktoren und Einflussgrössen, die im Einzelfall und in ihren kurzfristigen Auswirkungen so zahlreich und schwer identifizierbar sind, dass sie wie eine Nebelschwade die längerfristigen Tendenzen völlig überdecken können. Unendlicher Lärm verhindert das Erkennen der fundamentalen Tonlage, um ein Bild aus der amerikanischen Finanzliteratur zu verwenden. Was wir als tägliche (oder stündliche) Beobachter der Kursentwicklungen quasi an der Oberfläche sehen, hat denn auch entsprechend wenig mit dem zu tun, was wir im Nachhinein mit etwas Abstand vielleicht als fundamentale Entwicklung erkennen. Es hat aber letztlich auch nichts mit dem zu tun, was für den strategisch orientierten Investor von Bedeutung ist – auch wenn man dies oft nicht eingestehen will.

Die kurzfristigen Entwicklungen mit ihren beängstigenden Preisschwankungen sind trügerisch und locken den Anleger nur allzu oft auf die falsche Fährte. Letztlich sind sie aber ein ganz grosses Business, das den Banken, Beratern bis hin zu Printmedien oder Rundfunk- und Fernsehanstalten gigantische Kommissionen einfährt. Insofern hat natürlich auch niemand wirklich ein Interesse daran, «den Lärm zu reduzieren» oder die Nebelschwaden zu vertreiben.

Im vorliegenden Kapitel wollen wir gerade das versuchen und den fundamentalen aber auch kurzfristigen Bestimmungsgrössen der Aktienmarktentwicklung auf den Grund gehen. Dabei interessieren wir uns zunächst wiederum für die längerfristigen grundlegenden Aspekte.

Wir haben im ersten Kapitel argumentiert, dass die Kurstendenzen, wie sie in den diversen grafischen Auswertungen erkennbar sind, letztlich ein Abbild der wirtschaftlichen Entwicklung in den verschiedenen Ländern und Epochen sind – quasi der wirtschaftlichen Tonlage. Diese Aussage ist aber eine Leerformel, der es Gehalt zu geben gilt. Wir wollen dies im nachfolgenden ersten Abschnitt tun, in dem wir auf die wirtschaftlichen Kerngrössen eingehen, die die Entwicklungen an den Börsen prägen. Wir wollen hier auch fundamentale Bewertungs- und Gleichgewichtsmodelle diskutieren; ein Thema, das in der wissenschaftlichen Literatur der letzten Jahre breiten Raum eingenommen hat.

Aber auch wenn es uns gelingt, eine Art Gleichgewichtsmodell für die Aktienmarktentwicklung abzuleiten, welches die langfristigen Tendenzen wiedergeben sollte, wissen wir, dass um diese Tendenz herum der oben genannte «Lärm» der kurzfristigen Preisschwankungen besteht, den es ebenfalls zu deuten gilt. Diese Abweichungen vom langfristigen Gleichgewicht können einerseits nicht nur lange andauern, sondern andererseits auch sehr gross und damit schmerzhaft sein; oder in freier Abwandlung von John Maynard Keynes in Kombination mit André Kostolany: Was nützt uns ein langfristiges Gleichgewichtsmodell, wenn wir vor Erreichen desselben entweder tot oder bankrott sind.

Die Erklärungen der Abweichungen von den Gleichgewichten sind ausgesprochen vielfältig und beschäftigen unterschiedlichste Fakultäten, von der angewandten Mathematik über die Psychologie bis hin zu Rechnungslegung und Statistik. Im zweiten Abschnitt dieses Kapitels wird auf einige Argumente eingegangen, die in den verschiedenen Fakultäten zur Erklärung der kurzfristigen Dynamik verwendet werden. Wir werden dort feststellen können, dass die Kenntnis einiger der hier diskutierten Phänomene durchaus auch für das Verständnis längerfristiger Aspekte von Interesse ist.

Man nehme ...

Aktien und Obligationen bzw. Renten sind im Grunde genommen traditionelle Finanzkontrakte. Ein Investor stellt Barmittel zur Verfügung mit der Erwartung, dafür ein gewisses Entgelt zu erhalten. Bei einer Obligation stellt er für eine bestimmte Zeitperiode Fremdkapital zur Verfügung – quasi einen Kredit –, für welches er einen Zins und nach Ablauf die Rückzahlung verlangt.

Bei der Aktie stellt er ebenfalls Geld zur Verfügung, hier aber in Form von Eigenkapital, d.h. er beteiligt sich am Unternehmen. Dafür erwartet er finanziell nicht einen im Voraus vertraglich festgelegten Zins, sondern einen Anteil am Gewinn, der durch das Kapital erarbeitet wird.

Der Wert eines solchen Kontraktes – sprich: der Kurs der Obligation auf der einen oder der Aktie auf der anderen Seite – ergibt sich aufgrund des *heutigen Wertes* der in der Zukunft anfallenden Zahlungen. Bei der Obligation aufgrund der Couponzahlungen und der künftigen Rückzahlung des Geldbetrages, bei der Aktie aufgrund der in den folgenden Jahren zu erwartenden Dividendenzahlungen. Der *heutige* Wert der künftigen Zahlungen ergibt sich dabei durch Diskontierung der entsprechenden Beträge mit einem laufzeit- und risikoadäquaten Zins.[7] Dabei ist davon auszugehen, dass sich ein solcher Zins – auf welchem Risikoniveau auch immer er sich befinden mag – über die Zeit ähnlich verhält wie das generelle Zinsniveau in der Volkswirtschaft.

Der Preis eines Finanzkontraktes, also auch die Kurse von Obligationen und Aktien, werden sich genau umgekehrt verhalten wie die Zinsen. Wenn das Zinsniveau ansteigt, reduziert sich der *heutige Wert* künftiger Zahlungen und sowohl die Obligation als auch die Aktie verlieren an

---

[7] Der entsprechende Zins ist dann laufzeit- und risikoadäquat, wenn er einerseits darauf Rücksicht nimmt, dass weiter in der Zukunft liegende Zahlungen per se unsicherer und damit mit einem höheren Satz zu diskontieren sind, und andererseits unterschiedliche Schuldnerbonitäten reflektiert. Vgl. zu solchen Fragestellung beispielsweise HERI, E. W., Was Anleger auch noch wissen sollten, Helbing & Lichtenhahn, Basel und Frankfurt 1996.

Wert. Genau das Gegenteil stellt sich bei sinken Zinsen ein: Künftige Zahlungen werden stärker diskontiert und der *heutige* Wert der künftigen Zahlungen steigt.

Bereits diese einfachen Erläuterungen liefern uns interessante Einsichten in wesentliche Grundlagen der Aktien- und der Rentenbewertung. So folgt daraus beispielsweise, dass Aktien stärker schwanken werden als Renten, da ja die Geldströme bei den Aktien ausschliesslich *erwartete* Grössen sind. Bei den Beteiligungspapieren sind die Dividenden bzw. die Gewinne, die die Zahlungsströme ausmachen, vom *erwarteten* Geschäftsverlauf und damit von der *erwarteten* Konjunkturentwicklung und ähnlichem abhängig. Wohingegen die Couponzahlungen und die Rückzahlung bei den Obligationen vertraglich vereinbart und damit viel einfacher zu bewerten sind.[8] Damit ist ein wesentlicher preisbestimmender Faktor bei der Aktie mit mehr Unsicherheit behaftet als bei der Obligation. Dies bedeutet nichts anderes, als dass auch der Preis selbst stärkeren Schwankungen unterliegt, weil viel häufiger mit Erwartungsrevisionen zu rechnen ist.

Diese Überlegungen können aber noch weiter gesponnen werden. Wir können davon ausgehen, dass sich neue Informationen über die zu erwartenden künftigen Gewinne eines Unternehmens sofort im Preis der Aktie niederschlagen. Dies bedeutet, dass der Kurs einer Aktie in jedem Moment sämtliche öffentlich zugängliche Information über das Unternehmen selbst und deren wahrscheinliche Gewinnentwicklung enthalten wird.

Wenn dem aber so ist, dann wird neue gewinn- und damit preisrelevante Information nur mehr zufällig eintreffen können, sonst wäre sie ja nicht bereits im ursprünglichen Preis enthalten. Entsprechend wird sich auch der Preis mehr oder weniger zufällig bewegen.

Damit haben wir aus den obigen ersten Bewertungsüberlegungen nicht nur abgeleitet, dass Aktienpreise notwendigerweise stärkeren Schwankungen unterliegen als die Kurse von Rentenpapieren, sondern auch

---

8 In aller Regel gehen wir hier von Staatsanleihen aus, bei denen weder die Couponzahlungen noch die Rückzahlung in Zweifel stehen. Anders sehen diese Zusammenhänge natürlich im so genannten «High Yield»-Segment aus, in welchem sich die Rentenpapiere sowohl durch wesentlich höhere Couponzahlungen als auch durch viel höhere Preisunsicherheit auszeichnen.

2. Kapitel: Wie entstehen die Kurse?

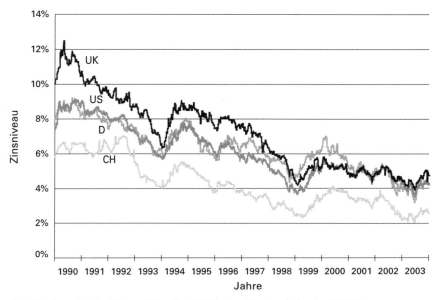

Abb. 2.1: Langfristige Zinsen (Rendite 10-jähriger Staatsanleihen) seit 1990

über intuitiv einleuchtende Annahmen ein logisches Denkmuster zur Erklärung des mehr oder weniger zufälligen Charakters von Aktienpreisen entwickelt. Die Annahme, dass Kurse an hoch organisierten Finanzmärkten, wie dies die Aktien- und die Rentenmärkte sind, den grössten Teil der relevanten Information enthalten, ist eine vernünftige Basishypothese und erspart einem viel Aufwand – und Nerven. Folglich müssen wir auch nicht jeder Meldung oder jedem Gerücht nachhechen in der Meinung, wir würden sonst eine Opportunität verpassen. Welche Konsequenzen sich daraus für die Ausgestaltung einer konkreten Anlagestrategie, vor allem aber für die Beurteilung von kurzfristigen Anlage- und Verhaltensempfehlungen ergeben, werden wir weiter unten sehen.

Im nachfolgenden Abschnitt wollen wir der Frage nachgehen, ob sich die oben formulierten Hypothesen zu den grundsätzlichen Bewertungen im empirischen Datenmaterial wiederfinden. Dabei bieten die 90er-Jahre interessantes Anschauungsmaterial, da wir damals nicht nur teilweise exorbitante Entwicklungen an den Aktienmärkten gesehen, sondern auch eine spezielle Phase in der Entwicklung der internationalen Zinsen durchlebt haben. *Abbildung 2.1* zeigt die Entwicklung der langfristigen Zinsen von Anfang 1990 bis Ende 2003 am Beispiel einiger Län-

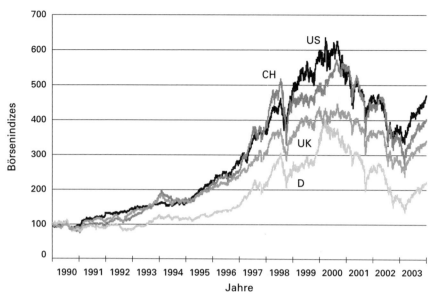

Abb. 2.2: Entwicklung der Börsenindizes seit 1990

der. Damit wir das Thema der Schuldnerbonität hier ausblenden können, verwenden wir die Renditen langfristiger – üblicherweise 10-jähriger – Staatsanleihen, die in der Literatur üblicherweise als risikolose Anlage betrachtet werden.

Das Bild ist deutlich. Weltweit bewegten sich die langfristigen Zinsen in den 90er-Jahren auf einem Pfad nach unten. Dies hat verschiedene Gründe. Der Hauptgrund ist darin zu sehen, dass schon seit den 80er-Jahren von den westlichen Zentralbanken erfolgreich eine konsequent antiinflationäre Geldpolitik betrieben wurde. Die wichtigste Triebfeder der langfristigen Zinsen sind Inflation und Inflationserwartungen, und stets bei sinkenden Inflationsraten (und -erwartungen), sinken tendenziell auch die langfristigen Zinsen.

Wir haben oben bei unseren Bewertungsüberlegungen dargestellt, dass sinkende Zinsen die Basis für steigende Aktienkurse bilden können. Oft wird argumentiert, dies sei so, weil tiefe Zinsen für die Anleger uninteressante Erträge im Rentenbereich bedeuten und deswegen Aktien im Vergleich interessanter werden. Die obigen Überlegungen haben aufgezeigt, dass dies nur ein Teil der Geschichte ist. Sinkende Zinsen machen

Aktien auch deswegen interessant, weil durch die tiefere Diskontierung künftiger Dividenden (bzw. Gewinne oder Cash-flows), der heutige Wert dieser Zahlungen ansteigt und damit auch der Wert des Unternehmens, das diese Zahlungen erwirtschaftet. Entsprechend sollte es uns nicht wundern, dass in den 90er-Jahren auch die Aktiennotierungen bzw. die Börsenkapitalisierungen in den meisten Ländern zugelegt haben. *Abbildung 2.2* zeigt die Entwicklung der Aktienmärkte der oben bereits analysierten Länder wiederum von 1990 bis heute: ein langfristiger Aufwärtstrend mit gewaltigen Schwankungen.

Die Bewertungsüberlegungen haben neben den Zinsen auch die Unternehmensgewinne (bzw. Dividenden oder erwarteten Cash-flows) als zusätzliche Beweggründe der Aktienmarktentwicklung identifiziert. *Abbildung 2.3* zeigt deswegen die Entwicklung der Unternehmensgewinne in Deutschland, Grossbritannien, den USA und der Schweiz wiederum seit 1990. Wir verwenden als Indikator für die Gewinnentwicklung die ausgewiesenen Gewinne pro Aktie (earnings per share, EPS) auf Indexebene und normieren sie per Anfang 1990 auf 100.

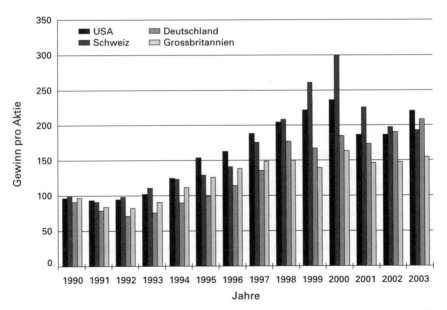

Abb. 2.3: Unternehmensgewinne in Deutschland, Grossbritannien, den USA und der Schweiz seit 1990 (EPS, normiert)

Die freundliche Weltkonjunktur in den 90er-Jahren, nicht zuletzt aber auch die verstärkte Konzentration der Unternehmen auf die Entwicklung der eigenen Aktien – Aktienbeteiligungs- und Optionsprogramme lassen grüssen – haben zu einer ausgesprochen positiven Entwicklung der buchhalterischen Unternehmensgewinne bis gegen Ende der 90er-Jahre geführt. Genau gleich wie die Zinsentwicklung sollte auch dies nicht ohne Auswirkungen auf die Börsennotierungen bleiben.

Die Abbildungen machen deutlich, dass sowohl die Zinstendenzen als auch die Entwicklung der Unternehmensgewinne wesentliche Triebfedern der Börsenkurse in den 90er-Jahren gewesen sind.

Sie können aber nicht die einzigen Erklärungen für jene Dynamik sein, die in bestimmten Phasen und Bereichen ohne Zweifel auch zu Übertreibungen geführt hat, die fundamental nicht mehr erklärbar sind. Wir werden auf diese Übertreibungen im nächsten Abschnitt eingehen. Es ist allerdings wichtig, sich zu vergegenwärtigen, dass nicht alles, was sich an den Aktienbörsen in den 90er-Jahren ereignet hat, a priori in den Bereich der Irrationalität und Börsenmanie verbannt werden sollte. Die Abbildungen 2.1–2.3 zeigen, dass ein Grossteil der gestiegenen Börsenkapitalisierungen durchaus auf einer fundamental-ökonomischen Basis beruht hat.

Im Zusammenhang mit der Bewertung der Aktienmärkte, vor allem aber auch mit der Korrektur von 2000 bis 2002, hat man die Entwicklung der Zinsen weltweit kritisch durchleuchtet. Bereits seit Mitte der 90er-Jahre ist gelegentlich behauptet worden, die Zinsen würden bald drehen, allein deswegen, weil sie immer wieder historische Tiefstwerte erreichten. Auch hier zeigt eine Analyse der *tatsächlichen* historischen Zusammenhänge, dass die Zinsen in den letzten 200 Jahren im Normalfall eher unter als über den gegenwärtigen Niveaus lagen. *Abbildung 2.4* zeigt dies Anhand der Zinsen für US-Staatsanleihen zurück bis 1800.

Die Grafik macht deutlich, dass Zinsen zwischen 4 und 6%, wie wir sie in den letzten 5 Jahren gesehen haben, viel eher dem langfristigen Durchschnitt entsprechen, als alles, woran wir uns diesbezüglich in den 80er- und 90er-Jahren gewöhnt hatten. Wenn wir, mit anderen Worten, in der Geschichte der langfristigen Zinsen *irgendeinmal* eine Ausnahmesituation erlebt haben, dann sicher zwischen 1975 und 1995 und nicht zwischen 2000 und 2003.

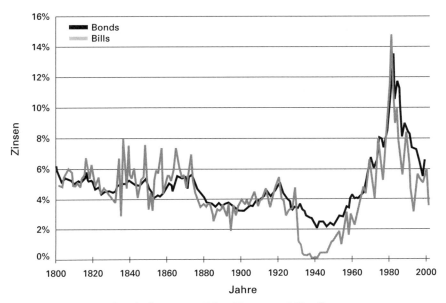

Abb. 2.4: US-Zinsen über die letzten 200 Jahre (Daten aus J. Siegel)

Der exorbitante Anstieg der Langfristzinsen (Bonds) seit Anfang der 70er-Jahre mit der 14%-Spitze im Jahr 1980 ist auf den Zusammenbruch des Währungssystems von Bretton Woods mit seinen fixierten Wechselkursen und den beiden darauf folgenden Erdölpreisschocks zurückzuführen, deren inflationäre Wirkung nota bene durch die Zentralbanken «finanziert» wurde. Anfang der 80er-Jahre hat das US Federal Reserve unter Paul Volker diesem inflationären Treiben mit einer konsequent antiinflationären Geldpolitik einen Riegel geschoben, der noch heute nachwirkt und die Inflationsraten und mit ihnen die langfristigen Zinsen wieder in normalere Gefilde zurückgebracht hat.

2 + 2 = 5 − 2 + 1

Wenn unsere Bewertungsüberlegungen richtig sind, d.h. die Zinsen die Rolle spielen, die wir ihnen zugestanden haben, und die Unternehmensgewinne in der Tat die wesentliche Triebfeder der Aktienkursentwicklung darstellen, dann sollte es möglich sein, ein fundamentales Bewertungsmodell für Aktienindizes zu entwickeln. Ein solches Modell würde uns in jedem Zeitpunkt zumindest sagen, ob sich die drei Grössen Unternehmensgewinne, Zinsen und Börsenkapitalisierung einigermassen in einem Gleichgewicht befinden oder nicht.

In der Bank- und Anlagepraxis haben Versuche, solchen Gleichgewichtsmodellen auf die Spur zu kommen, eine lange Tradition. Vieler Orts kommen unterschiedliche Modelle auch schon seit Jahren zur Anwendung.[9] Dabei bedient man sich unterschiedlichster Ansätze: von einfachen Dividenden-Diskontierungsmodellen über Analysen der Price/Earnings Ratio bis hin zu gesamtwirtschaftlichen Strukturmodellen.

Zu neuerlicher Popularität haben es diese Modelle gebracht, seitdem die US-Zentralbank (FED) bei ihrer gelegentlichen Beurteilung der Situation der US-Aktienbörse auf das so genannte FED-Modell zurückgreift, dass offensichtlich eine einfach Form eines Dividenden-Diskontierungsmodells ist.[10] Auch die wissenschaftliche Forschung hat sich in den letzten Jahren wieder intensiver als auch schon mit solchen Modellen befasst. Dies nicht zuletzt deswegen, weil unter den Stichworten Stationarität und Kointegration statistische Zeitreihenverfahren entwickelt wurden, mit denen es möglich wird, Gleichgewichte in wirtschaftlichen Systemen aufzuspüren, die als solche aus den Daten heraus nicht einfach identifizierbar sind. Solche Verfahren versuchen eine Reihe ökonomischer Grössen, die in einer langfristigen Gleichgewichtsbeziehung zu einander stehen, zu erkennen und das langfristige Gleichgewicht selbst

---

9 Vgl. z.B. HERI, E. W., Die Acht Gebote der Geldanlage, Helbing & Lichtenhahn, Basel/Genf/München 2002, 2. Aufl.

10 Dieses Modell ist verschiedentlich auch heftig attackiert worden. Nicht zuletzt deswegen, weil es nie explizit dargestellt worden und in diesem Sinne stets etwas wage geblieben ist. Eine kritische Auseinandersetzung mit dem FED-Modell und seiner Anwendung findet sich bei: HOLZER, S., Aktienbewertung: Auseinandersetzung mit Vertrautem(?), OZ Bankers, Diskussion Paper, Juli 2003.

zu modellieren. Mit anderen Worten: Den «Nebel zu lichten», der den Blick auf die längerfristigen Gleichgewichtszusammenhänge versperrt.

Genau dies ist es aber, was wir oben bei der Diskussion der Bewertungsproblematik vor uns hatten. Drei Grössen: Die Zinsen, die Unternehmensgewinne und die Börsenkapitalisierung, von denen wir behaupten, dass sie über eine lange Frist nicht wesentlich voneinander abweichen können, sich mithin gleichgewichtig entwickeln sollten. Es liegt auf der Hand, dass die empirische Finanzmarktforschung diese Thematik intensiv untersucht hat. Generell wird in dieser Literatur der Schluss gezogen, dass die von uns unterstellten Beziehungen im Prinzip gegeben sind, d.h. sich ein langfristiges Gleichgewicht zwischen Zinsen, Aktienkursen und Unternehmensgewinnen identifizieren lässt.[11]

Natürlich ist dies ein nicht ganz triviales Unterfangen und das Ergebnis wie bei jeder statistischen Analyse von einer Reihe von Annahmen abhängig, über deren Richtigkeit im Einzelfall keine Einigkeit herrscht. Entsprechend können auch nicht alle Untersuchungen auf diesem Gebiet zu jedem Zeitpunkt und für jeden Aktienmarkt zu den gleichen Schlussfolgerungen gelangen. So einfach ist die Welt – zum Glück – nicht. Dies ist für unsere Diskussion hier aber auch nicht von Belang. Wichtig ist vielmehr, dass es wissenschaftlich erhärtete Evidenz dafür gibt, dass die von uns unterstellten Grössen in der Tat solche Bewertungsgleichgewichte beschreiben.

Die Abbildungen 2.5 bis 2.7 sollen aufzeigen, wie sich solche Gleichgewichte darstellen lassen. *Abbildung 2.5* zeigt das Bild für den Amerikanischen Markt (S&P 500) von 1985 bis Ende 2003.

Die Abbildung enthält ein fundamentales Bewertungsband sowie die effektive Indexentwicklung. Das Band gibt an, in welchem Bereich in etwa das Gleichgewicht erwartet wird. Die Tatsache, dass wir einen

---

11 Technisch interessierte Leser mögen beispielsweise die nachfolgenden Papers konsultieren: HARASTY, H./ROULET, J., Modelling Stock Market Returns, An Error Correction Model, Journal of Portfolio Management, Winter 2000, S. 33–46; BALVERS, R./WU, Y./GILLILAND, E., Mean Reversion Across National Stock Markets and Parametric Contrarian Investment Strategies, The Journal of Finance, Vol. 55, 2000, S. 745–772; DUPUIS, D./TESSIER, D., The US Stock Market and Fundamentals: A Historical Decomposition, Bank of Canada Working Papers, 2003–20.

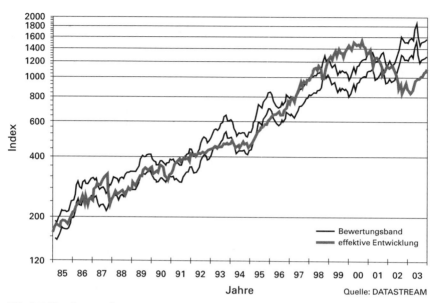

Abb. 2.5: Fundamentales Bewertungsmodell für den US-Aktienmarkt

Bereich angeben, soll darauf hinweisen, dass das Gleichgewicht nicht punktgenau zu identifizieren ist.

Zunächst ist festzuhalten, dass das Gleichgewichtsband die Höherbewertung der Aktiennotierungen in den 90er-Jahren durchaus nachvollziehen kann. Zu einem wesentlichen Teil ist diese somit fundamentalökonomisch gerechtfertigt, so wie wir dies bei der Diskussion der Zins- und Gewinnentwicklung bereits vermutet haben. Es zeigt sich aber auch, dass sich immer wieder heftige Über- und Unterbewertungen einstellen, die lange andauern. Da wir eine logarithmische Skala verwenden, wird einem der Grad der Über- oder Unterbewertung manchmal nicht ganz bewusst. Der fundamental ausgewiesene Wert des S&P500 lag Ende 1999 in etwa bei 900 Punkten. Der effektiv geschriebene Wert stand aber bei rund 1500 – eine Überwertung von über 50%! Nach Korrektur dieses im Nachhinein als Dot.Com Bubble bezeichneten Überschwangs drehte der Markt bis auf 800 und raste im Kontext des 11. Septembers – Enron-Skandal, Irak Krieg usw. – bis im März 2003 in eine fundamentale Unterbewertung von wiederum etwa 50%. Bis im Frühjahr 2004 erholte sich der Markt wieder und scheint langsam sein Gleichgewicht zu finden.

Die Betonung des Wortes «Gleichgewicht» ist wichtig. Es wird nicht unterstellt, dass sich die Aktienkursentwicklung immer dem Fundamentalband, das im Prinzip die Gewinn- und die Zinsentwicklung enthält, anzunähern hat. Die entscheidende Aussage ist, dass Kurve und Band sich auch nach längeren Abweichungen immer wieder finden. Da der Börsenindex einfacher und schneller auf Abweichungen reagieren kann, wird die Anpassung oft von den Aktienkursen ausgehen. Dies ist aber nicht zwingend. Auch das Fundamentalband ist relativ volatil. Auf die Gründe für die Abweichungen der beiden Grössen von einander werden wir weiter unten zu sprechen kommen.

Abbildung 2.6 zeigt das gleiche Modell und die gleiche Darstellung für den Deutschen Aktienmarkt von Ende 1986 bis Ende 2003.

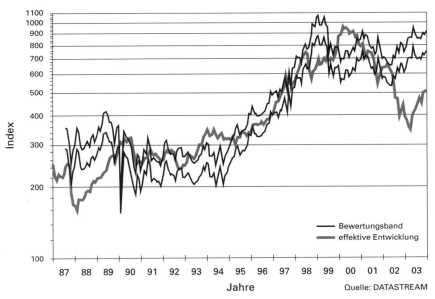

Abb. 2.6: Fundamentales Bewertungsmodell für den Deutschen Aktienmarkt

Die Aussagen sind ähnlich. Grundsätzlich und in der längerfristigen Tendenz entsprechen sich das Fundamentalband und die Aktienindexentwicklung. In einzelnen Perioden gibt es zum Teil dramatische Abweichungen, die sich aber im Laufe der Zeit korrigieren. 1998/99 hatten wir im Umfeld der Asien- und später vor allem der Russlandkrise eine starke Unterbewertung, die innerhalb von zwei Jahren zu einer Überbewertung wurde. Der Aktienindex stieg vom Tiefst 1998 bei rund 550 Punkten auf ein Höchst Ende 1999 von fast 1000 Punkten um über 70%. Dass die damalige Euphorie nicht viel mit grundsätzlich gerechtfertiger Entwicklung zu tun haben konnte, war klar, wollte aber natürlich vielerorts nicht gehört werden. In der Zwischenzeit hat der Index wieder einen vorübergehenden Taucher auf unter 400 Punkte vollzogen, um sich per Mitte 2004 neuerlich langsam in Richtung einer vernünftigen Bewertung zu bewegen.

Im Falle Deutschlands scheint das fundamentale Bewertungsmodell selbst grösseren Schwankungen zu unterliegen als in den USA. Das liegt an der grösseren Volatilität der Zins- und Gewinnentwicklung und zu einem gewissen Grad wahrscheinlich auch an der Datenqualität. Wichtig ist vielleicht hier noch zu bemerken, dass steigende Zinsen im heutigen Umfeld (Frühjahr 2004) bedeuten, dass das fundamentale Bewertungsband sich nach unten bewegen könnte. Es ist mit anderen Worten durchaus möglich, dass sich das Gleichgewicht in den nächsten Jahren dadurch wiederherstellt, dass steigende Zinsen die fundamentalen Bewertungen nach unten drücken.

Abbildung 2.7 zeigt die gleiche Analyse für den Schweizer Aktienmarkt. Die Aussagen bleiben wieder ähnlich. Allerdings scheint es so, als wäre der Schweizer Markt im Zusammenhang mit der globalen Dot.Com-Euphorie Ende der 90er-Jahre nie so euphorisch bewertet worden wie die übrigen Märkte. Dies sollte uns allerdings nicht verwundern, denn der Index der Schweizer Dividendenwerte war immer schon wesentlich weniger technologie-lastig als andere Indizes. Leider hat sich dies anschliessend bei der Korrektur der weltweiten Technologie-Blasen nicht im Sinne einer besseren relativen Performance der Schweiz ausgewirkt. Dies deswegen, weil der Schweizer Aktienmarkt stark von ausländischen Investoren getrieben ist, die in den Jahren 2000 bis 2002 alles «ausgeladen» haben – ob technologie-lastig oder nicht. Auch der Schweizer Markt befindet sich seit Anfang 2003 wieder auf dem Weg zurück zu seinem fundamentalen Gleichgewicht.

Abschliessend sei noch einmal betont, dass es sich bei den Abbildungen 2.5 bis 2.7 um Modelle und Arbeitsinstrumente des Autors handelt. Andere Beobachter der Szene verwenden durchaus von den hiesigen Grafiken abweichende Instrumente und kommen entsprechend zu abweichenden Einschätzungen von Unter- und Überbewertungen. Inte-

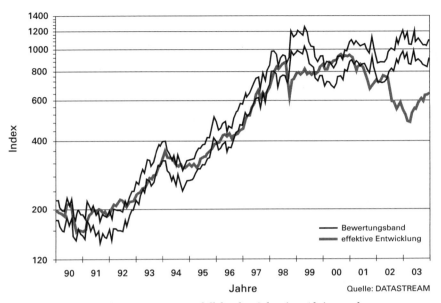

Abb. 2.7: Fundamentales Bewertungsmodell für den Schweizer Aktienmarkt

ressant ist allerdings, dass die meisten Modelle in Situationen *extremer* Bewertungsungleichgewichte mehr oder weniger zu gleichen Schlussfolgerungen kommen. Und letztlich sind es die Extremwerte, die zählen.

Nun sind aber langfristige Gleichgewichtsmodelle und ihre empirische Relevanz das eine, die zum Teil grossen und lange andauernden Abweichungen von diesen Gleichgewichten aber etwas ganz anderes. Dies versucht auch die obige Überschrift auszudrücken. Bevor an den Aktienmärkten 2 plus 2 eine 4 gibt, geht der Markt zuerst auf 5, dann auf drei und erst dann (vielleicht) ins Ziel.

Für den langfristigen Investor ist dies irrelevant. Er kennt das Ziel, hat die Zeit und (hoffentlich) auch die Nerven, um das gelegentliche Auf und Ab auszuhalten. Nur: Was ist ein langfristiger Investor genau, und wie stark müssen seine Nerven sein?

Wir werden in den nächsten Abschnitten versuchen, eine Antwort auf die erste der beiden Fragen zu finden. Tatsache ist, dass die kurzfristigen Schwankungen, wie wir sie im ersten Kapitel aufgezeigt haben, existieren und immer wieder die Relevanz der langen Frist in Frage stellen. Tatsache ist aber auch, dass sowohl die kurzfristigen Schwankungen als auch die lange andauernden Abweichungen vom Gleichgewicht per se ein einträgliches Business sind, an dem sich nicht nur glücklich agierende Spekulanten eine goldene Nase verdienen können.

Der Strauss an Erklärungen für diese Abweichungen und die kurzfristige Dynamik der Aktienmärkte ist mannigfaltig. Er geht von abrupten Erwartungsänderungen bezüglich wirtschaftlicher Grössen, über buchhalterische Aspekte oder rein technische Argumente bis hin zu massenpsychologischen Phänomenen. Wir wollen auf einige dieser Denkansätze eingehen und werden dabei feststellen, dass vieles davon gar nicht so irrational daherkommt, wie es fälschlicherweise gerne dargestellt wird. Im Einzelfall durchaus vernünftige Verhaltensweisen können nämlich im Kollektiv – sprich: an den Finanzmärkten – irrational erscheinende Konsequenzen haben. Das ist per se noch nichts Beunruhigendes oder Aussergewöhnliches. Beunruhigend wird es erst dann, wenn die Überlagerung verschiedener der oben genannten Faktoren einem grösseren Teil der Marktteilnehmer die Sicht auf die längerfristigen Argumente versperrt, und diese in der Folge orientierungslos zurücklässt. Oder um es wieder mit den Worten DANIEL KAHNEMANS, Professor für Psychologie und Wirtschaftsnobelpreisträger, zu sagen: «Das Individuum ist nicht fähig, aus Erfahrungen, die es an der Börse macht, zu lernen und sich das nächste Mal anders zu verhalten»[12]. Deswegen entstehen die «Revolutionen», «Neuen Paradigmen» und immer wieder neuen «New Economies», die vermeintlich ein völlig neuartiges Verhalten an den Märkten und ebenso neuartige Produkte verlangen, obwohl sich die zugrundeliegenden Prozesse gar nicht verändert haben.

Rational Exuberance?

Alan Greenspan, der Vorsitzende des US Federal Reserve (der amerikanischen Zentralbank) hat schon Mitte der 90er-Jahre davor gewarnt, der amerikanische Aktienmarkt befinde sich auf einem Pfad des irrationalen Überschwangs (Irrational Exuberance). Es hat dann allerdings noch einige Jahre gedauert – und dutzende von Prozenten an Börsenperformance gekostet –, bevor die von ihm identifizierte Übertreibung korrigiert wurde.

---

12 Aus einem Interview der Zeitschrift CASH vom 12. Februar 2004.

Irrationale Überschwänglichkeit beschäftigt Ökonomen, Psychologen und Marktbeobachter seit Jahrhunderten. Der erste historisch dokumentierte «Preis-Bubble» ist die Tulpen Manie im Holland des 17. Jahrhunderts. Die Geschichte begann ungefähr Mitte des 16. Jahrhunderts, als ein holländisches Handelshaus Tulpenzwiebeln aus dem damaligen Konstantinopel nach Deutschland und Holland brachte. Schnell wurden Tulpen zu einem Statussymbol der Reichen im damaligen Europa. Die Preise zogen rasch an, was schon früh Spekulanten auf den Plan rief. Plötzlich wurden Tulpenkontrakte an den verschiedensten europäischen Börsen gehandelt. Die Börsenorganisationen war schon damals professionell und das Verhalten der Marktteilnehmer hoch spekulativ. Die Situation eskalierte im Jahre 1636 als nicht nur Händler, sondern auch normale Bürger begannen mit Tulpenzwiebeln und Tulpenkontrakten zu spekulieren. Sie tauschten teilweise ihr gesamtes Hab und Gut gegen Blumenzwiebeln im Wissen, dass die Zwiebeln zwar teuer waren, aber mit der Hoffnung, dass sie morgen noch teurer seien. Die Manie ging so weit, dass Ende 1636 die Höchstkurse für eine einzelne Tulpenzwiebel auf über 70 000 Euro (zu heutigen Preisen!) anstiegen. Aber auch damals ging der Krug nur so lange zum Brunnen bis er brach. Als die ersten Händler begannen ihre Kontrakte zu liquidieren, brachen die Preise sofort zusammen. Innerhalb von nur 6 Wochen war der «Spuk» vorbei und die Preise waren um 90% gefallen. Nach einer Reihe von gescheiterten Interventionen zur Marktstabilisierung und von gegen die Spekulation gerichteten Gerichtsurteilen fielen die Preise unter einen (heutigen) Euro und zahlreiche Spekulanten aber auch ansonsten wohl besonnene Bürger verloren im wahrsten Sinne des Wortes Hemd und Hose.

War die Preisblase irrational? Natürlich ist es irrational, wenn für eine Tulpenzwiebel bis zu 70 000 Euro bezahlt werden. War es jedoch für den einzelnen Investor irrational bei 20 000 Euro pro Zwiebel zu investieren? Die meisten, denen es gelungen ist, die Zwiebeln zu verkaufen, bevor der Preis auf oder unter ihren individuellen Einstandspreis gefallen war, würden dies wohl verneinen – und sie dürften die Mehrheit gewesen sein. Wie bei jedem Preis-Bubble waren die Geprellten jene, die am Schluss eingestiegen sind. Alle anderen per se als irrationale Marktteilnehmer zu bezeichnen, scheint folglich etwas weit her geholt.

Es sieht danach aus, als müsste man mit dem Begriff «irrational» in diesem Kontext vorsichtig umgehen. Nicht jeder Preis, der wild schwankt, ist notwendigerweise Ausdruck von Irrationalität. Wenn man jeden Preis, der oberhalb eines grundsätzlich gerechtfertigten Niveaus gehandelt wird, als irrational bezeichnen will, dann ist das nur *eine* Sichtweise. Wenn man aber bereit ist, Entwicklungen, die man kurzfristig richtig vorausgesehen hat – auch wenn sie sich weit weg von einem Gleichgewicht bewegen –, etwas grosszügiger zu beurteilen, dann wird «rational» versus «irrational» zu einem eher wagen Gegensatz.[13]

Wie schnell man sich mit dem Begriff der «Irrationalität» an den Finanzmärkten aufs Glatteis begeben kann, merkt man bereits, wenn man nach dem Gleichgewicht fragt. Was ist schon ein fundamental gerechtfertigter Preis für eine Tulpenzwiebel? Und auch oben, wo wir zu erläutern versucht haben, dass Aktienmärkte wahrscheinlich einfacher zu analysieren sind als der Markt für Tulpenzwiebeln, haben wir gesehen, dass auch hier nicht wirklich Einigkeit herrscht.

Preismuster wie die oben erwähnte «Tulip-Mania» gehören vielleicht nicht zum täglichen Brot freier Märkte, haben aber natürlich etwas mit der Funktionsweise solcher Märkte zu tun. Sie haben sich seit dem 17. Jahrhundert tausende von Malen wiederholt und werden sich auch weiterhin wiederholen. Die Preise auf freien Märkten sind von Erwartungen getrieben und die Erwartung über den Kurs von Morgen ist dabei *eine* der relevanten Grössen. Wenn sie wichtiger wird als alles andere, wird im übertragenen Sinne das Ruder der Preisbildung von der kurzfristigen Spekulation übernommen und die grundlegenden Argumente treten in den Hintergrund. Dann wird die Börse zu einem Kasino, das zum Mitspielen einlädt. Die längerfristigen Tendenzen werden dadurch nur am Rande tangiert und der strategisch und fundamental orientierte Investor wird sich dadurch nicht aus der Ruhe bringen lassen; oder wird, um noch einmal Kahneman zu zitieren, vielleicht einer der wenigen sein, der aus den Erfahrungen gelernt hat.

---

13 Vgl. als Übersicht z.B. Heri, E. W., «Irrationales rational gesehen: Eine Übersicht über die Theorie der Bubbles», Schweizerische Zeitschrift für Volkswirtschaft und Statistik, 2/1986, S. 163–186.

Der lange Atem der Versicherer: Im Prinzip ja, aber ...

Beim Zusammenbruch der Aktienmärkte vor allem in den Jahren 2002 und anfangs 2003 mussten die europäischen Versicherungsgesellschaften oft als Sündenböcke herhalten. Es ist denn auch dokumentiert, dass nicht zuletzt die massiven Verkäufe der Assekuranz einen gewaltigen Druck auf die Aktienmärkte vor allem im zweiten Halbjahr 2002 und bis in den Frühling 2003 ausgeübt haben. Mancher unbedarfte Journalist konnte es sich denn auch nicht verkneifen, die Frage nach der Professionalität der Manager der Versicherungsportfolios aufzuwerfen, die ausgerechnet dann ihre Aktienbestände abzustossen schienen, als die Aktien zu «Ausverkaufspreisen» erhältlich waren. Eigentlich würde man von einem Manager eines Portfolios mit einem langen Anlagehorizont – wie dies ja ein Versicherungsportfolio sein sollte – gerade das Gegenteil erwarten.

Ganz so einfach ist die Sache aber leider nicht. Weil sie jedoch in der Aktienmarktentwicklung der Jahre 2002 und 2003 eine so wichtige Rolle gespielt hat, wollen wir sie in der Folge etwas näher beleuchten.

Um die Problemstellung zu skizzieren, soll mit der einfachen Bilanz eines Lebensversicherers begonnen werden:

Auf der *Passivseite* einer solchen Bilanz finden sich die Versicherungsverpflichtungen, die der Versicherer gegenüber seinen Kunden eingegangen ist. Also beispielsweise die Verpflichtung der Bezahlung einer lebenslangen Rente von 100 000 Euro per annum für einen heute 40-Jährigen bei Pensionierung mit 60, also in 20 Jahren. Mit Hilfe aktuarieller und finanzieller Berechnungen, können wir den heutigen Wert einer solchen Verpflichtung beziffern – es handelt sich auch hier wiederum um nichts anderes als einen normalen Finanzkontrakt.

Auf der *Aktivseite* finden sich die über die Prämieneinnahmen und Vermögenserträge akkumulierten Vermögen, die letztlich dazu dienen, mindestens die eingegangenen Verpflichtungen bei deren Fälligkeit abzudecken. Die Differenz zwischen den Aktiva und dem heutigen Wert der Verpflichtungen bildet das bilanzielle Eigenkapital.

Die Aufgabe der Abteilung Kapitalanlagen einer Versicherung besteht nun darin, mit Hilfe ihrer Anlagetätigkeit dafür zu sorgen, dass bei Fälligkeit die eingegangenen Verpflichtungen auch wirklich gedeckt werden können. Dies ist insofern ein nicht ganz triviales Unterfangen, als in den Versicherungsverträgen einerseits eine ganze Reihe schwierig zu spezifizierender Optionen enthalten sind – z.B. die Möglichkeit, den Vertrag unter bestimmten Bedingungen zu stornieren –, und weil andererseits in den Finanzkontrakten gelegentlich Finanzerträge garantiert werden, die oberhalb dessen liegen, was man mit risikolosen Anlagen im jeweiligen Marktumfeld erzielen kann.

Aus dieser Beschreibung wird deutlich, warum man den Versicherungsgesellschaften, und hier insbesondere den Lebensversicherern, einen langen Anlagehorizont attestiert. Im oben genannten Beispiel des 40-Jährigen, der in zwanzig Jahren eine Rente bekommt – ein durchaus repräsentatives Beispiel –, liegt ja das Vermögen zwanzig Jahre und mehr beim Versicherer und kann während dieser Zeit den notwendigen Ertrag generieren, der letztlich zur Verfügung stehen muss, um die Rente zu finanzieren. Also kann die Allokation dieser Mittel theoretisch langfristig erfolgen und auch kurzfristig volatile Anlagen beinhalten. In vielen Fällen sind rein wirtschaftlich betrachtet Aktienanlagen sogar notwendig, weil – wie bereits beschrieben – implizit oder explizit Vermögenserträge garantiert werden, die oberhalb dessen liegen, was mit Renten oder Obligationen allein erwirtschaftet werden kann. Hier nutzt man den im ersten Kapitel aufgezeigten Renditevorsprung der Aktien gegenüber den Renten, um die Verpflichtungen langfristig überhaupt bedienen zu können.[14]

Nun kann aber diese wirtschaftliche Betrachtung in Widerspruch stehen zur gängigen Praxis der Buchführung. So verlangen gewisse Standards der Konzernrechnungslegung (USGaap, oder auch IFRS, das frühere

IAS), dass der grösste Teil des Anlageportfolios – also der Aktivseite der Bilanz – zu Marktwerten bilanziert wird, währenddem die Verpflichtungen, obwohl es sich ja auch hier letztlich nur um Finanzkontrakte handelt, zu Nominalwerten auf der Bilanz belassen werden. Die Konsequenz davon ist aus der folgenden Bilanz ersichtlich:

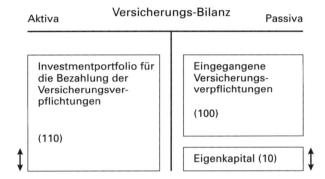

Eine laufende tagfertige Bewertung des Anlageportfolios produziert eine hohe Schwankungsbreite auf der Aktivseite. Da die Versicherungsverpflichtungen aber zu konstanten Nominalwerten bilanziert werden, übertragen sich die Wertschwankungen des Anlageportfolios eins zu eins in Schwankungen des Eigenkapitals. Das ist wirtschaftlicher Unsinn aber buchhalterische Realität. Die relativen Grössenordnungen sind dergestalt, dass dies im Zweifelsfall ein wirtschaftlich gesundes Unternehmen in den Ruin treiben kann.

Dazu ein einfaches Beispiel: Eine vernünftig kapitalisierte Lebensversicherungsgesellschaft wird gegen 10% der passivseitigen Rückstellungen

---

14 Kollegen aus der Assekuranz werden einwenden, dass man die Situation so einfach nun auch wieder nicht darstellen kann. Vielleicht stimmt das. Hier geht es aber auch nicht um assekuranz-spezifische Details, sondern um ein gewisses Grundverständnis. Detailliertere Abhandlungen zu diesen Problemstellungen finden sich andernorts. Vgl. z.B. HERI, E. W., Sind die Versicherer Aktienspekulanten?, NZZ vom 8.3.2003; SCHÖLLHAMMER, R., Financial Reporting by Insurers: Development of an Insurance-Specific Accounting Framework from the Perspective of Equity Securitiy Analysis, Dissertation Nr. 2763, Universität St. Gallen, 2003; oder: SPRING, A., Überlegungen zur wertorientierten Steuerung von Lebensversicherungen, Dissertation Universität Basel, 2004.

an Eigenkapital halten wollen. Wenn sie nun aufgrund von wirtschaftlichen Überlegungen (z.B. einer Asset/Liability-Analyse) zum Schluss käme, dass das Portfolio ihrer Verpflichtungen eine anlageseitige Allokation von 30% Aktien und 70% Obligationen rechtfertigen würde, dann wäre die Konsequenz eine Volatilität der Anlagen von rund 8%.

Wir haben in der obigen Bilanz beispielhaft Zahlen eingefügt. Wenn die Volatilität der Anlagen in obiger Bilanz 8% beträgt, dann heisst dies nicht anderes, als dass wir nach einem Jahr mit einer Wahrscheinlichkeit von über 15% mehr als 8 Währungseinheiten «im Minus liegen» (die Aktivseite ist dann auf 102 statt der ursprünglichen 100). Da sich diese Volatilität unter den gegebenen Rechnungslegungsgrundsätzen eins zu eins auf das Eigenkapital auswirkt, sind am Ende des Jahres 80% des Eigenkapitals «verschwunden».

Diese plakative Darstellung ermöglicht uns eine Reihe interessanter Einsichten: Zum einen zeigt sie, dass unter vielen auch heute noch gängigen Vorschriften der Konzernrechnungslegung die Versicherungsgesellschaften keine wirtschaftlich vernünftige Kapitalanlagepolitik betreiben können. Ihr Anlagehorizont kann nur so lange sein wie der Rhythmus der Berichterstattung. Wenn die Gesellschaft dem Druck der «Strasse» und damit der Analysten unterliegt, dann handelt es sich um ein Quartal. Wenn sie etwas ehrlicher ist und ihrem eigentlichen Business-Modell etwas mehr Rechnung trägt, dann ist es ein Jahr. Nur dann, wenn es ihr gelingt, ein Rechnungslegungsmodell zu verwenden, das der Langfristigkeit auf der Aktiv- und Passivseite Rechnung trägt, ist der Anlagehorizont sehr lang. Wo die Interessen der Versicherten aber letztlich auch der Besitzer der Versicherungsgesellschaft liegen, ist klar. Ob man diesen Interessen Rechnung tragen will, ist eine andere Frage.

Aus diesen Überlegungen gehen die Konsequenzen des Verhaltens der Versicherungsgesellschaften für die Dynamik der Aktienmärkte hervor. Da mit steigenden Börsenkursen – entsprechend der oben dargestellten rein buchhalterischen Logik – nicht nur das Eigenkapital, sondern vor allem auch die Risikofähigkeit der Versicherer ansteigen, werden genau dann auch die Aktienquoten erhöht. Das gleiche gilt auf dem «Weg nach unten»: Mit sinkenden Bewertungen der Aktienmärkte sinkt mit dem Eigenkapital auch die Risikofähigkeit, und die Aktienquoten müssen reduziert werden. Da die Versicherer weltweit mit die grössten Aktienportfolios halten, werden sie durch das ihnen aufgezwungen prozyklische Verhalten nicht nur zu den Opfern, sondern gleichzeitig auch zu den Protagonisten höherer Volatilität an den Aktienmärkten.

Natürlich verunmöglichen es diese Zusammenhänge, dass sich Versicherer als «Stabilisatoren in Richtung Gleichgewicht» gebärden, auch wenn sie vielleicht die Über- und Unterbewertungen der Märkte identifizieren. Ganz im Gegenteil: Ihre Rechnungslegungsgrundsätze führen dazu, dass die Abweichungen vom Gleichgewicht grösser werden und im Zweifelsfalle auch länger andauern.

Die Börsenpsychologie der Krise

Neben den spekulativen Blasen, wie wir sie an der Tulpen-Manie des 17. Jahrhunderts exemplifizieren konnten, und den eher institutionellen Gegebenheiten, wie wir sie am Beispiel der Assekuranz aufgezeigt haben, werden in den letzten Jahren insbesondere auch spezifisch psychologische Effekte zur Erklärung des oftmals chaotisch anmutenden Kursverlaufs von Aktienpreisen herangezogen. Dies wird in der akademischen Literatur unter dem Oberbegriff der «Behavioural Finance» behandelt, die explizit psychologische Faktoren in die Modellierung der Finanzmärkte einbezieht. Gelegentlich wird versucht, Widersprüche zu konstruieren zwischen der eher in Richtung effizienter Informationsverarbeitung argumentierenden traditionellen Theorie der Finanzmärkte und der «Behavioural Finance». Dies ist das falsche Vorgehen. Richtig und interessant ist es dagegen, die beiden Ansätze zu verschmelzen und die gemeinsamen Kernpunkte herauszuarbeiten. Denn oft ist es müssig oder eine rein semantische Angelegenheit, darüber zu diskutieren, ob das Verhalten eines Individuums eher psychologisch oder eher wirtschaftlich motiviert ist.[15]

Wir haben gesehen, dass die längerfristige Entwicklung der Aktienmärkte mit wirtschaftlichen Argumenten befriedigend erklärt werden kann. Die kurzfristigen Schwankungen entstehen durch Erwartungs-

---

15 Für eine systematische Darstellung der Art und Weise, wie die Psychologie in die Anlagetheorie einbezogen werden kann, vgl. z.B. NOFSINGER, J. R., Investment Madness: How Psychology Affects Your Investing And What to Do About It, Financial Times, Prentice Hall, 2001.

revisionen und Schocks. Solche Schocks sind unerwartete Ereignisse wie Katastrophen, Kriege oder im Falle einzelner Aktien z.B. die Aufdeckung von Betrügereien, Bilanzfälschungen und ähnlichem. Solche Schocks können sich direkt auf die wirtschaftlichen Aussichten auswirken oder auch indirekt, indem sie zum Beispiel die kollektive Wahrnehmung verändern. So haben die Terroranschläge vom 11. September 2001 ohne Zweifel die kollektive Risikoeinschätzung und -wahrnehmung verändert und entsprechende Marktreaktionen ausgelöst.

Hier setzt «Behavioural Finance» an, indem eben nicht nur der Frage einer möglichen Modellerklärung nachgegangen wird, sondern es wird auch auf die einzelnen Marktteilnehmer und ihr Verhalten eingegangen, einerseits als Individuen und andererseits im Kollektiv. Bei der Modellierung des Anlegerverhaltens werden dabei unterschiedliche Effekte beleuchtet, auf die hier nicht im Einzelnen eingegangen werden kann.[16]

Beispielhaft sollen hier nur drei dieser Aspekte beleuchtet werden. Dies um einen Hinweis darauf zu geben, in welche Richtung auf dem Gebiet der psychologischen Anlagetheorie gearbeitet wird. Allesamt können diese Effekte herangezogen werden, um wiederum kurzfristigen Abweichungen von den wirtschaftlich gerechtfertigten Gleichgewichten auf den Grund zu gehen.

Der erste psychologische Effekt, den wir betrachten wollen, ist die *Kurzsichtigkeit*, die oft *Myopie* genannt wird. Hier geht es darum, dass der Mensch dazu tendiert, kürzlich gemachte Erfahrungen in die Zukunft zu extrapolieren und weiter zurückliegende Erfahrungen zu vergessen. Unsere Betonung der längerfristigen Aktienmarktentwicklungen und das gelegentliche Staunen über die historischen Zusammenhänge zeigen, dass dieser Effekt eine bedeutende Rolle spielt. Eine wichtige Ergänzung zur Myopie findet sich im kollektiven Vergessen der Abläufe an den Finanzmärkten. Dies liegt oft darin begründet, dass wir in den Analysebereichen der Banken mehrheitlich junge Leute antreffen, die selbst nur über einen sehr kurzen Erfahrungshorizont verfügen. Längerfristige Zusammenhänge werden dadurch schlichtweg ignoriert.

---

16 Eine vollständige und sehr lesenswerte Übersicht findet sich beispielsweise bei BARBERIS, N./THALER, R., A Survey of Behavioural Finance, NBER Discussion paper Nr 9222, September 2003 (http://www.nber.org/papers/w9222).

Ein weiterer Effekt ist der so genannte *Glücksspieleffekt*. Experimente haben gezeigt, dass Anleger viel eher bereit sind, mühelos gemachte Gewinne riskant zu investieren als hart erarbeitete Ersparnisse. Ohne Zweifel hat dieser Effekt dazu beigetragen, dass Investoren beispielsweise in den 90er-Jahren sehr rasch bereit waren, ihre Aktienquoten hochzufahren und damit quasi den «Bubble» weiter aufzublähen.

Das letzte Beispiel ist das so genannte «herding», das *Herdenverhalten*. Auch hier hat es sich in Experimenten bestätigt, dass Anleger dazu tendieren, das nachzuahmen, was alle anderen gerade auch tun. Es scheint einfacher, einen Fehler zu rechtfertigen, den alle gemacht haben, denn als einziger falsch zu liegen. Auch dieser Effekt begünstigt natürlich Kursübertreibungen in beide Richtungen.

Aus den genannten Beispielen geht hervor, dass psychologische Effekte in vernünftiger Kombination mit wirtschaftlichen Erklärungsansätzen eine gute Basis liefern zur weiteren Ergründung dessen, was wir jeden Tag an den Finanzmärkten erfahren und erleiden. Insbesondere zur Analyse von Krisensituationen erlauben solche Aspekte interessante Schlussfolgerungen. Aus diesem Grund wollen wir uns in der Folge auf die Diskussion einiger Krisensituationen konzentrieren und die Reaktion der Aktienmärkte auf dieselben ergründen. Dabei kommt es nicht so sehr darauf an, ob der Ursprung einer solchen Krise an den Finanzmärkten selbst zu suchen ist, oder ob wir es mit politischen, realwirtschaftlichen oder gar militärischen Aspekten zu tun haben. Immer werden in solchen Krisensituationen aber Stimmen laut, die den Märkten jegliche Rationalität absprechen und alles nur noch auf die psychologische oder gar hysterische Schiene schieben wollen.

Es lohnt sich aber gerade hier der Frage nachzugehen, wie sich in solchen extremen – politischen, wirtschaftlichen oder militärischen – Stresssituationen die Marktteilnehmer verhalten und was an den Finanzmärkten in der Folge abläuft. Warum begegnen wir oftmals geradezu explosionsartigen Entwicklungen, beispielsweise bei den Volatilitäten, oder völlig chaotisch anmutenden Kursausschlägen in beide Richtungen? Natürlich entstehen gerade in solchen Krisen Unterbewertungen gegenüber fundamental-ökonomischen Modellen, wie wir sie oben kennen gelernt haben. Und selbstverständlich sehen die Kursbewegungen im Nachhinein oft wie irrationale Fehlbewertungen aus – aber meistens eben nur im Nachhinein.

Neben den oben kurz andiskutierten psychologischen Effekten wollen wir in der Folge einer weiteren Möglichkeit nachgehen, warum solche Entwicklungen in vielen Fällen vielleicht gar nicht so irrational zu sein brauchen, wie es auf den ersten Blick scheint. Wir wollen zur Exemplifikation unserer Überlegungen zunächst die Aktienmarktentwicklungen unserer drei Indizes (USA, Deutschland, Schweiz) über die Periode von Anfang 1998 bis im Frühjahr 2004 darstellen. Dabei interessieren uns insbesondere die kurzfristigen Ausschläge im Herbst 1998, im Herbst 2001 und im März 2003. Die verwendeten Tagesdaten bringen die exorbitanten Ausschläge deutlich hervor.

Das erste, was beim Betrachten der *Abbildung 2.8* auffällt, ist der starke Gleichlauf der drei Indizes. Die Synchronisation der Märkte hat in den letzten Jahren dramatisch zugenommen. Dies ist einerseits Ausdruck der globalen Vernetzung der Firmen und andererseits davon, dass auch die Anleger immer mehr länderübergreifend investieren. Entsprechend schnell weiten sich Krisen global aus und finden sich in ähnlicher Weise in den verschiedenen Länderindizes wieder. Im Nachhinein kennen wir die Argumente bzw. Krisensituationen, die uns die abgebildeten Einbrüche skizzieren. Die Bewertungskorrektur im Herbst 1998 war Ausdruck einer globalen Finanzkrise, die im Prinzip mit den Problemen in Asien im Winter 97/98 begonnen hat, im Sommer 1998 mit der Russlandkrise eine Fortsetzung fand und mit dem Fast-Zusammenbruch von Long-Term-Capital-Management (LTCM), eines der grössten US Hedge Funds, Anfang Oktober ihren Kulminationspunkt erreichte.

Auch der Herbst 2001 ist noch in aller Leute Mund. Das Attentat auf das World Trade Center in New York und der darauf folgende Angriff auf Afghanistan bestimmten das Geschehen an den Börsen. Diese Einbrüche folgten auf eine Zeit sich bereits abschwächender Wirtschaftsaktivität und einer Periode, in welcher die meisten westlichen Aktienmärkte bereits zwischen 20 und 40 Prozent verloren hatten.

Der globale Einbruch der Aktienmärkte nach dem 11. September 2001 war von seinem Ausmass her dramatisch. Ebenso dramatisch war aber auch die Erholung, die etwa um den 25. September einsetzte. Wir wollen die Situation am Beispiel des DAX verdeutlichen. *Abbildung 2.9* zeigt die Tageswerte von Anfang September bis Mitte November 2001, ist mit anderen Worten ein Auszug aus der DAX Grafik von Abbildung 2.8.

2. Kapitel: Wie entstehen die Kurse?

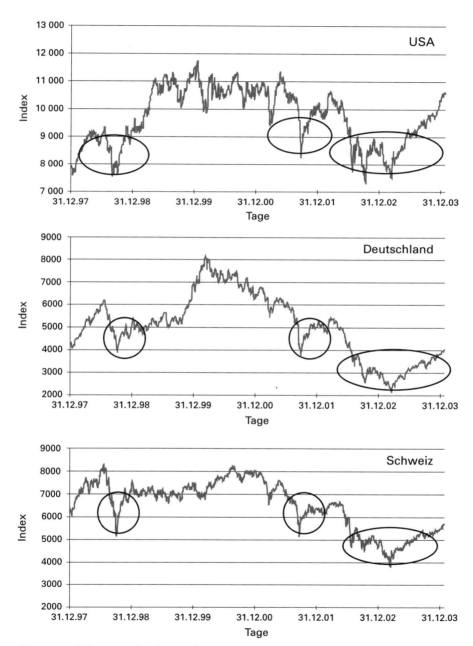

Abb. 2.8: Tägliche Werte der Aktienindizes USA (Dow Jones), Deutschland (DAX) und Schweiz (SMI) von Anfang 1998 bis Ende 2003

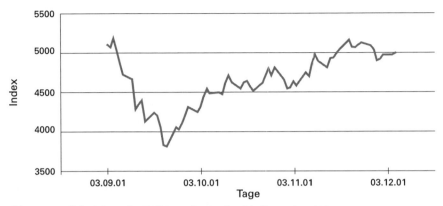

Abb. 2.9: Tägliche Werte des DAX von September bis Dezember 2001

Der DAX verlor in den ersten drei Septemberwochen rund einen Drittel seines Wertes, nur um über die nächsten fünf Wochen wieder um fast fünfzig Prozent zuzulegen. Zwei Monate am deutschen Aktienmarkt, die uns heute vielleicht noch «in den Knochen stecken», die aber aus einer langfristigen Optik einfach deswegen keiner Erklärung bedürfen, weil sie in wenigen Jahren, wenn wir nur noch die Jahreswerte betrachten, praktisch aus den Statistiken – und bis dann wahrscheinlich auch aus den Knochen – verschwunden sein werden. Aus der Optik der kurzfristigen Marktanalyse sind sie aber höchst interessant.

Die nächste Phase aus Abbildung 2.8, die wir diskutieren wollen, geht von Mitte 2002 bis etwa Ende 2003. Es ist die Phase einer weiteren Konjunkturverschlechterung, dann vor allem aber des drohenden Krieges im Irak und schliesslich von dessen Ausbruch im März 2003. Der DAX verlor über die ersten 9 Monate dieser Periode wiederum rund einen Drittel, um nach Kriegsausbruch, d.h. in den zweiten 9 Monaten, wieder um etwa 50% zu zulegen. Dem obigen Kommentar ist nichts beizufügen.

Die Volksseelen – wenn wir dieses Wort hier strapazieren dürfen – befanden sich in all diesen Krisensituationen gewaltig in Aufruhr. Das Risiko einer weltweiten Eskalation – im wirtschaftlichen Bereich in der einen, im militärisch-politischen Bereich in den beiden anderen Krisen – war gewaltig. Solche Situationen gehen jeweils einher mit einem eklatanten Anstieg der Volatilitäten an den Aktienmärkten: mit mächtigen kurzfristigen Einbrüchen der Börsenkapitalisierungen – was intuitiv ja noch vernünftig erscheinen mag –, aber auch mit ebenso heftigen kurzfristigen Ausbrüchen nach oben. Abbildung 2.9 illustriert dies sehr anschaulich.

Was charakterisiert nun solche Situationen und was kann solche Kursstürze, vor allem aber auch deren plötzliche Umschwünge, provozieren? Hier helfen Standardkapitalmarktmodelle nicht mehr weiter. Es gilt vielmehr, auf die einzelnen Marktakteure einzugehen und ihre Kaufs- und Verkaufsmotive zu ergründen, d.h. die Verhaltensmuster individueller Investoren – seien sie nun psychologischer oder eher wirtschaftlicher Natur – zu erforschen.[17]

Die *Abbildung 2.10* soll ein Versuch sein zu ergründen, welche Prozesse sich hier möglicherweise abspielen. Es sei aber angefügt, dass wir nicht behaupten wollen, wir würden diese Prozesse in ihrer ganzen Komplexität verstehen.

Auf der vertikalen Achse der Abbildung 2.10 ist beispielhaft die Allokation in Aktien abgetragen, die ein bestimmter – privater oder institutioneller – Anleger in seinem Portfolio hält. Auf der horizontalen Achse tragen wir die von unserem Investor subjektiv wahrgenommene Eskalationswahrscheinlichkeit ab; nennen wir sie swE. Die swE eines einzelnen Anlegers soll ein Indikator für seine individuelle Einschätzung der Gefahr eines Gesamtverlustes seines Vermögens sein – oder im Falle eines Unternehmens, des Verlustes des Eigenkapitals.

Unser Anleger investiert üblicherweise gemäss einer so genannten «Normal-Allokation», die sich aus seiner Risikoneigung, einer Asset/Liability-Analyse oder ähnlichem ergibt.

Die Abweichungen von seiner Normal-Allokation werden nun unter anderem davon abhängen, wie er die wirtschaftliche sowie welt- und/oder geopolitische Situation einschätzt. Wenn er bezüglich all dieser Variablen besonders optimistisch ist, wird er vielleicht eine Aktienallokation halten, die über der Normal-Allokation liegt. Eine Situation, die wir auf der linken Seite der Abbildung 2.10 skizzieren. Wenn er aber eine oder mehrere dieser Variablen als kritisch einstuft, wird dadurch seine

---

17 Eine ausgesprochen interessante, wenn auch methodisch anspruchsvolle Analyse solcher Situationen findet sich bei SORNETTE, E., Why Stock Markets Crash: Critical Events in Complex Financial Systems, Princeton University Press, Princeton and Oxford 2003.

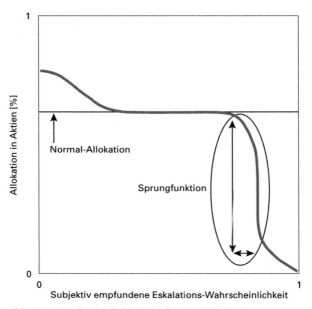

Abb. 2.10: Denkmodell für nicht-kontinuierliche Anpassungen der Aktienallokation

swE verändert und, je nachdem wie kritisch seine Einschätzung ist, seine Aktienallokation beeinflusst. Im Falle, dass gar eine Krise oder Eskalation befürchtet werden muss, kann seine swE so stark ansteigen, dass unser Investor plötzlich seine Anlagegrundsätze und seinen langfristigen Anlagehorizont über Bord wirft und im Sinne von: «Rette sich wer kann», seine Positionen liquidiert. Die Eskalationswahrscheinlichkeit ist für ihn an diesem Punkt ganz einfach zu gross geworden, und die Angst vor einem möglichen Totalverlust obsiegt. Rationales Handeln steht hier nicht mehr zur Debatte, ausserordentliche Umstände scheinen ausserordentliche Massnahmen zu verlangen.

Das Wesentliche und gleichzeitig Interessante an diesem Verhalten ist, dass wir in der Anlagepraxis feststellen, dass sehr viele private aber auch institutionelle Anleger den Entscheid zum Ausstieg mehr oder weniger gleichzeitig fällen (vgl. die obige Diskussion des «Herding»). Als Konsequenz daraus ergibt sich in unserer Kurve in Abbildung 2.10 so etwas wie eine «Sprungstelle». Ab einer bestimmten Position führt eine nur mehr geringe Zunahme der Eskalationswahrscheinlichkeit zu starken Veränderungen in der Aktienallokation eines grossen Teils der Anleger und damit auch zu einem entsprechend sprunghaften Anstieg des kurzfristigen Aktienangebots an den Börsen mit den entsprechenden Kurszusammenbrüchen. Es ist aber offensichtlich, dass dieses Phänomen auch in der Gegenrichtung gilt. Sobald die Eskalationswahrscheinlichkeit zurückgeht, kann dies die Nachfrage schlagartig erhöhen und einen Preissprung nach oben auslösen.

Nun sind es aber natürlich nicht nur die «Frust- oder Panikverkäufe» der privaten Anleger, die in solchen Situationen oft die Kurse nach unten drücken. Wie wir oben bei der Diskussion der Strategien der Versicherer bereits gezeigt haben, führt häufig auch das Anlageverhalten institutioneller Anleger zu sich verstärkenden Prozessen.

Wenn ein Aktienportfolio in der Bilanz eines institutionellen Anlegers beispielsweise zu Einstandswerten geführt wird, müssen immer dann, wenn diese Einstandswerte unterschritten werden, in der Gewinn- und Verlustrechnung Abschreibungen auf der Basis der aktuellen Marktkurse vorgenommen werden. Weil sich viele dieser Anleger keine Abschreibungen auf ihren Aktienbeständen leisten wollen oder können, werden auch sie bei stark sinkenden Kursen in den «Blues» einstimmen und ihre Positionen verschleudern. Allerdings werden sie auch wieder mit bei den ersten sein, die einsteigen, wenn sich eine Wende abzeichnet, weil sie es sich nicht leisten können, den nächsten Boom zu verpassen. Oft werden sie nämlich aufgrund ihrer Performance relativ zu den Indizes beurteilt – und bezahlt; da ist es natürlich besser, wenn man vorne dabei ist, «wenn es los geht».

Viele dieser Anpassungen der Aktienallokationen werden heute nicht mehr am physischen Markt selbst, sondern über Derivate vorgenommen. Deswegen entstehen in solchen Situationen auch am Markt für Derivate sehr grosse Volumina, die aber letztlich auch wieder auf den physischen Markt durchschlagen, da sich die Banken als Anbieter der Derivate letztlich auch nur durch dynamische Strategien am physischen Markt absichern können.

All dies führt dazu, dass wir in Krisensituationen – wie und wo auch immer die Krise ihren Ursprung hat – die in der Abbildung 2.10 dargestellte Sprungfunktion in der Allokationskurve erhalten, die letztlich dafür verantwortlich ist, dass wir die Ein- und Ausbrüche bei den Aktiennotierungen antreffen, wie sie in den Abbildungen 2.8 und 2.9 dargestellt sind.

In Krisensituationen ist mit anderen Worten regelmässig mit überraschend anmutenden ausserordentlich grossen Volatilitäten zu rechnen. Das lässt sich nicht mit Fundamentalmodellen erklären, folgt aber durchaus individuell rationalem Verhalten.

Etwas zuviel Theorie?

Um auch den letzten Aussagen empirischen Gehalt zu geben, haben wir eine Analyse zu Rate gezogen, bei der versucht wurde, einige weltwirtschaftliche, militärische und/oder geopolitische Krisen der letzten 50 Jahre zu identifizieren und ihre Wirkung auf die Aktienmärkte zu veranschaulichen. Es sind dies alles Situationen, bei denen wir davon ausgehen, dass eine hohe Eskalationswahrscheinlichkeit bestanden hat. Die *Abbildung 2.11* enthält die entsprechenden Ergebnisse.

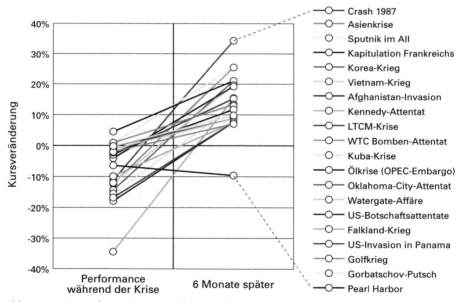

Abb. 2.11: Historische Ereignisse mit hohem Eskalationsrisiko

Ganz rechts in der Abbildung finden sich die identifizierten «Krisen». Sie spannen ein weites Feld von militärisch/geopolitisch Situationen wie der Kapitulation Frankreichs oder der Bombardierung von Pearl Harbour, über Finanzmarktkrisen wie des oben schon erwähnten Fast-

Zusammenbruchs von LTCM, bis hin zu global relevanten Innenpolitika wie dem Gorbatschow-Putsch. Auf der linken Seite finden sich die Kursveränderungen der jeweiligen Aktienindizes, die sich während der Krisensituationen ergeben haben. Dabei sind die Zeitperioden unterschiedlich und irgendwie natürlich auch arbiträr. Dem Kennedy-Attentat – um ein Beispiel zu nennen – wird eine kürzere Wirkung zugeschrieben als der Watergate-Affäre. In den Renditekalkulationen wurde versucht, diesen Aspekten Rechnung zu tragen. Auf der rechten Seite finden sich die Ergebnisse für dieselben Indizes jeweils 6 Monate nach der Krise. Aus der Grafik geht deutlich hervor, dass sich – mit einer Ausnahme – alle Aktienmärkte nach Ablauf und zum Teil Lösung der Konflikte wieder markant erholt haben. Die Ausnahme war die Bombardierung von Pearl Harbour. Dies ist aber auch die einzige Situation, die letztlich zu einer Eskalation geführt hat, signalisierte sie doch den Einstieg der USA in den zweiten Weltkrieg.

Die obige Darstellung ist nicht «Rocket Science», keine wissenschaftlich abgehärtete ökonometrische Analyse, sondern eher so etwas wie «Casual Evidence». Sie gibt aber Hinweise darauf, dass der oben beschriebene Prozess mit dem Bild der subjektiv empfundenen Eskalationswahrscheinlichkeit zumindest ein Denkmuster sein kann, das für die weitere Arbeit im breiten Forschungsgebiet der Anlagepsychologie sinnvoll sein könnte. Wir haben bereits betont, dass eine vernünftige Kombination von traditioneller Fundamentalorientierung und «Behavioural Finance» durchaus neue Erkenntnisse liefern kann.

Was sagt die öffentliche Meinung?

Im obigen Kapitel zur Psychologie der Krise haben wir den Begriff der kollektiven Wahrnehmung eingeführt. Öffentliche Meinung hat viel mit kollektiver Wahrnehmung zu tun. Die Macher der öffentlichen Meinung sind nicht zuletzt die Medien, die den Hundertschaften von mehr oder weniger selbsternannten Börsen-Gurus die Plattform bieten, um eine kollektive Börsenpsyche zu «formen». Auch hier ist Kurzsichtigkeit – die oben erwähnte Myopie – ein gern gesehenes Phänomen. Gern gesehen deswegen, weil sie Umsätze, Kommissionen und Einschaltquoten bringt und vielleicht auch in die heutige Spassgesellschaft passt, in der jegliche Tätigkeit zuerst einmal laut und auffällig zu sein hat.

Wir wollen die Bedeutung der Meinungsmacher an den Finanzmärkten, der Berater, Analysten, Banker, Finanzjournalisten mit all ihren Experten-Tipps, Flashes, Mails, Musterportfolios etc. etc., durch die letzten paar Jahre begleiten.

Die *Abbildung 2.12* mag die Stimmung auffangen, die um die Jahreswende 2002/2003 an den globalen Aktienmärkten geherrscht hat.

Abb. 2.12: Aktienmärkte Europas, der USA und der Schweiz von Anfang 2000 bis ins Frühjahr 2003

Dabei normieren wir den Beginn des Jahres 2000 für die drei Aktienmärkte auf 100. Offensichtlich verloren die Märkte von Anfang 2000 bis Frühjahr 2003 im Durchschnitt rund 50%. Die Stimmung war ziemlich hoffnungslos. Viele der jüngeren Analysten – und leider haben wir in den Analyseabteilungen zumindest in Deutschland und der Schweiz eine Mehrheit an unerfahrenen Analysten – haben noch nie selbst erlebt, dass man an den Aktienbörsen auch Geld verdienen kann. Es war Wunden lecken allenthalben. «Wie konnte man nur», «Gier war doch schon immer der schlechteste Ratgeber an den Aktienbörsen», waren Standardfloskeln, mit welchen man zu ergründen versuchte, warum man nur wenige Jahre vorher jedermann völlig unreflektiert in die Aktien schickte und – ähnlich enthusiastisch wie jetzt depressiv – das niemals endende Füllhorn versprach.

Auch nach drei Jahren schlechter Börse und mässiger Konjunktur schien das Ende der Krise noch lange nicht absehbar. So schrieb die Neue Zürcher Zeitung noch im Februar 2003 von «unlimitiertem Verlustpotential» und davon, es sei «zu früh zum Einsteigen», oder der Chefökonom einer Zürcher Privatbank behauptete, dass wir «dieses Mal keine nachhaltige Erholung sehen [werden]». Andere Experten liessen sich zur Bemerkung hinreissen, der Dow Jones würde jahrelang die Marke von 10 000 nicht mehr sehen. Zur Situation in Deutschland waren die Meinung besonders klar: «Deutschland wird besonders hart getroffen werden» – so die damalige Meinung eines der Chef-Analysten der Credit Suisse.

Alle erdenklichen Argumente gegen Aktienanlagen wurden plötzlich aus dem Hut gezaubert: von den im ersten Kapitel bereits erläuterten nominellen Darstellungen, die natürlich Ende 2003 dramatisch ausschauten (vgl. *Abbildung 2.13*), über wildeste Spekulationen einer Wiederholung der Weltwirtschaftskrise der 30er-Jahre, vermuteten Ähnlichkeiten mit den Krisen in den 70er-Jahren, mit dem Japan der letzten 10 Jahre, bis hin zu den geopolitischen Risiken, die man noch nie für so bedrohlich hielt, wie gerade im Frühjahr 2003.

Wer von Langfristigkeit sprach, wurde als inkompetent abgetan, wer die historischen Charts ausgrub, als Ewiggestriger verschrien. Natürlich hat jede Generation das Recht, für sich in Anspruch zu nehmen, ihre jeweilige Situation sei einzigartig – und bis zu einem gewissen Grad ist sie es ja auch. Aber gerade bezüglich der geopolitischen Risiken mag es vielleicht zynisch aber sicher nicht falsch sein zu behaupten, dass uns die letzten 100 Jahre immer wieder Situationen beschert haben, die geopolitisch mindestens so explosiv waren, wie die Situation Anfang 2003. Auch hier würde ein Blick in die Geschichtsbücher helfen. Kurzsichtigkeit vernebelt in der Regel den Blick für die wirklich relevanten Fragestellungen. Auch hier passt Kahneman wieder trefflich: Nicht nur das Individuum, sondern auch das Kollektiv der Marktteilnehmer (und ihrer Berater) ist nicht fähig, aus historischen Erfahrungen an der Börse zu lernen.

Die ganze Stimmungslage in dieser vermeintlichen Krisensituation konnte aus der Sicht einer myopischen Anlageberatung nur eine Konse-

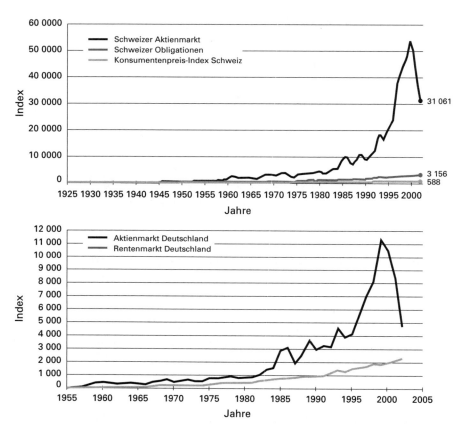

Abb. 2.13: Langfristige Entwicklung der Aktien- und Rentenmärkte in Deutschland und der Schweiz

quenz haben: Produkte, die Kapitalerhaltung sicherstellen, Risiken nach unten absichern und die Exposition an den Aktienmärkten reduzieren. Kapitalerhaltung, absolute Erträge und Hedge Funds waren die Stichworte der Stunde. Dass solche Produkte höhere Kommissionen generieren als die sonst gebräuchlichen Anlageprodukte, kam natürlich nicht ungelegen, da der Zusammenbruch der Aktienmärkte ja auch eine dramatische Schrumpfung der Wertschriftenkommissionen mit sich brachte. Ohne Zweifel stand bei einzelnen Mitbewerbern bei der Entwicklung der neuen Anlagephilosophie und der neuen Anlageprodukte die Kommissionsüberlegung Pate. Wir wollen im siebten Kapitel auf dieses Thema zurückkommen.

Und nachdem die Anleger mit all diesen neuen Produkten und Strategien beglückt und die meisten Aktien verkauft waren ..., konnte es eigentlich nur noch nach oben gehen!

Abbildung 2.14 zeigt den DAX, NIKKEI, S&P500 und SMI von März bis Ende Dezember 2003. Auch hier wurde wieder zu Beginn auf 100 normiert. Die Märkte legten alle zwischen 35% (USA) und 80% (Deutschland) zu.

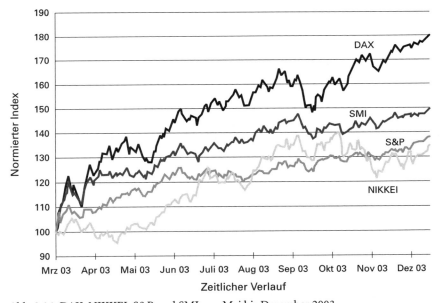

Abb. 2.14: DAX, NIKKEI, S&P und SMI von Mai bis Dezember 2003

Was war geschehen? Wie konnten die kollektive Einschätzung der Marktsituation und die entsprechenden Meinungsmacher einmal mehr so falsch liegen?

Wahrscheinlich treffen es auch hier wieder die Stichworte Myopie und Herdenverhalten am besten. Vielleicht hat es aber auch damit zu tun, dass die Anleger und ihre Berater nicht nur mit dem Mühe bekunden, was man aus der Geschichte lernen könnte, sondern auch mit der Analyse von Verteilungen, von Mittelwerten dieser Verteilungen und den entsprechenden Extremwerten.

In Anlehnung an die statistischen Darstellungen im ersten Kapitel kann man dies grafisch beispielsweise wie in *Abbildung 2.15* deuten.

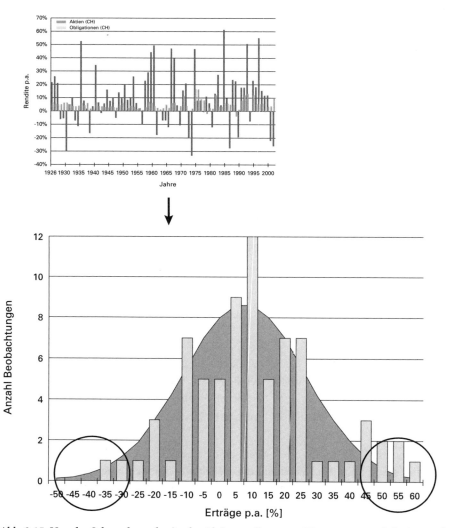

Abb. 2.15: Von der Schwankungsbreite der Aktienrenditen zum Histogramm und der Normalverteilung

Die meisten Leute haben generell Probleme im Umgang mit Verteilungen, deren Mittelwerten und ganz besonders mit den Extremwerten. Dies ist nicht nur an den Finanzmärkten so. Ein Beispiel für dieses Phänomen ist der Umgang mit extremen Wettersituationen. Wir wissen, dass sich die Sommertemperaturen in stets ähnlich «normaler» Art und Weise um einen langfristigen Durchschnitt herum bewegen. Es mag sein, dass sich im Zuge der globalen Erwärmung der letzten Jahrzehnte bei dieser Verteilung der Mittelwert leicht nach rechts verschoben hat, das ändert aber nichts daran, dass sich die Temperaturverteilung ähnlich darstellen lässt, wie die obigen Kursschwankungen. Hört man sich jedoch beispielsweise die Kommentare zum Rekordsommer 2003 an, oder sieht, wie sich Leute in unseren Breitengraden plötzlich Palmen anschaffen in der Meinung, die Sommer würden nun immer so warm werden, dann grenzt dies ans Groteske. Es zeigt aber, dass Menschen, wenn sie sich in einem extremen Bereich einer Verteilung befinden, stets meinen, die Verteilung selbst habe sich verändert. Auch das ist Ausdruck von Kurzsichtigkeit, hier bloss an einem anderen Beispiel dargestellt.

Weil die Anleger-Community – insbesondere aber deren Berater und die von ihnen verwendeten und belieferten Medien – schlecht mit Anomalien umgehen kann, werden nach Jahren mit besonders schlechten Ergebnissen stets die Aktien verteufelt und wird Kapitalsicherheit gesucht. Und immer dann, wenn Jahre mit besonders guten Ergebnissen hinter uns liegen, versucht man nach den Sternen zu greifen. Nach einer Reihe von Extremwerten entsteht kollektiv das Gefühl, die Verteilung habe sich auf die eine oder andere Seite verschoben.

Oft sind es aber gerade solche «Ausreisser» respektive Phasen von besonders guten oder schlechten Jahren, die fundamentale Über- oder Unterbewertungen produzieren, wie wir sie zu Beginn dieses Kapitels diskutiert haben. Einige dieser Situationen seien in *Abbildung 2.16* erneut dargestellt.

Fundamentale Über- und Unterbewertungen sind oft im Zusammenhang mit solchen Extremereignissen entstanden und haben – im Nachhinein – grosse Anlageopportunitäten geschaffen.

Natürlich ist es nicht überraschend, dass an den Aktienmärkten oft besonders schlechte Perioden auf herausragend gute Perioden folgen, da ja der langfristige Durchschnitt in irgendeiner Weise wieder hergestellt werden muss. Ansonsten wären die oben abgebildeten und im ersten Kapitel dargestellten Verteilungen nichts wert.

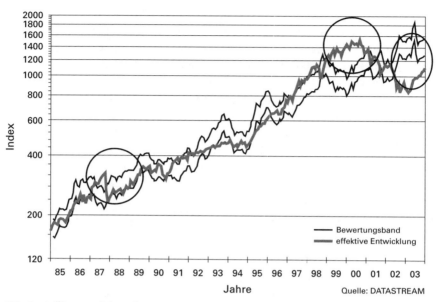

Abb. 2.16: Über- und Unterbewertungen am US-Aktienmarkt

Die *Abbildung 2.17* für die langfristige Entwicklung des Deutschen und des Schweizer Aktienmarktes bestätigt diese These, auch wenn es sich hier nur um schematische Darstellungen handelt. Sie macht deutlich, dass in der Tat oft besonders schlechten Perioden (die eingekreisten Jahre) auffällig gute Perioden auf dem Fuss zu folgen scheinen.

In diesem Zusammenhang stellt sich die interessante Frage, was bezüglich der Rendite geschieht, wenn man trotz an sich langfristigem Anlagehorizont und auch langfristigem Anlagewillen plötzlich in Aktivismus verfällt und nach einer Anzahl schlechter Jahre entnervt seine Aktienanlagen verkauft. Dass unsere Berater in solchen Situationen dem Entscheid eher zustimmen werden, haben wir ja oben bereits festgestellt. Die *Abbildung 2.18* versucht dieser Frage nachzugehen. Wir haben darin mehr oder weniger arbiträr die besten 5 Jahre am Schweizer Aktienmarkt seit 1925 eliminiert. Wir tun mit anderen Worten so, als hätten wir zwar mit einem langfristigen Horizont investiert, aber die besten fünf Jahre nach entnervenden Baisseperioden verpasst.

Das Ergebnis ist ernüchternd. Aus dem ersten Kapitel wissen wir, dass der Wert eines völlig passiven Aktienportfolios über die lange Zeitperi-

2. Kapitel: Wie entstehen die Kurse?

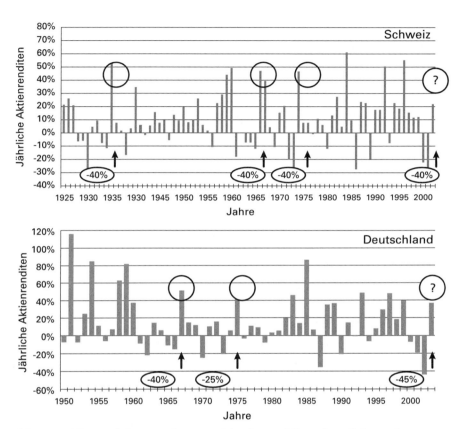

Abb. 2.17: Risiken und Opportunitäten am Schweizer und Deutschen Aktienmarkt

ode von 100 auf etwas über 30 000 Franken gestiegen ist. Das passive Obligationenergebnis liegt bei etwas über 3 000 Franken. Die Aktienstrategie bei Fehlen der besten fünf Jahre liegt überraschenderweise ebenfalls bei nur etwas über 3 000. Mit anderen Worten: Eine Aktienstrategie, bei welcher die besten Jahre – weswegen auch immer – fehlen, liefert im Zweifelsfall eine Rendite, die in der Nähe der Obligationenrendite zu liegen kommt. Das Portfolio hat also die Volatilität – und damit den Ärger – eines Aktienportfolios und die Rendite eines Rentenportfolios.

Natürlich machen wir hier extreme Annahmen. Man könnte auch Berechnungen anstellen, bei denen wir davon ausgehen, dass nicht gerade die besten Jahre fehlen, sondern zum Beispiel die Schlechtesten.

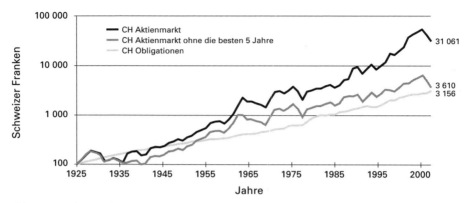

Abb. 2.18: Anlageperformance des Aktienportfolios bei Ausschluss der besten 5 Jahre

Das Ergebnis wäre phänomenal. Nur entspricht dies *eben gerade nicht* der typischen Psychologie der jeweiligen Marktsituation. Die obige Argumentation basiert ja auf der Überlegung, dass die besten Jahre einer Anzahl schlechter folgen, und dass die schlechten zu «Frustverkäufen» geführt haben. Entsprechend den Zusammenstellungen in den Abbildungen 2.14 bis 2.16 entspricht dies eher der Anlagepsychologie des Durchschnittsanlegers als das Gegenteil.

Zusammenfassend sei nochmals bemerkt, dass die Anlageberatung in Extremsituationen oft genau auf der anderen Seite dessen liegt, was ein langfristig orientierter Investor eigentlich tun sollte. Nach einer Anzahl unterdurchschnittlicher Jahre wird Kapitalerhaltung und Absicherung nach unten gepredigt, obwohl die Märkte bereits stark korrigiert haben. Und nach überdurchschnittlichen Jahren geschieht genau das Gegenteil: Wenn die Märkte exorbitant angestiegen sind, wären eigentlich Absicherungen nach unten vorzunehmen, im Zweifelsfall dadurch, dass man einen Teil des weiteren «Upside» opfert. Stattdessen werden dann die kurzfristig orientierten Anleger – und ihre Berater – immer gieriger und produzieren in der Endphase das, was man oft despektierlich eine Hausfrauen-Hausse nennt. Genau dies sind aber die Elemente, die Kahneman meint, wenn er behauptet, die Leute seien unfähig, an der Börse zu lernen. Die nachfolgende Tabelle mag diese Überlegungen kurz zusammenfassen. In den jeweils letzten Zeilen der einzelnen Quadranten erläutern wir, wie man die entsprechenden Strategien mit derivativen Instrumenten umsetzen könnte.

2. Kapitel: Wie entstehen die Kurse?

	«Richtige» Anlagestrategie	Empfohlene Strategie
Krise: Unterbewertete Märkte	Limitierte Absicherung «nach unten», «nach oben» voll dabei. Call Buying/Put Writing	Absicherung «nach unten» (Kapitalgarantien, Portfolio Insurance), limitiertes Upside. Put Buying/Call Writing
Überschwang: Überbewertete Märkte	Absicherung gegen Korrekturen finanziert durch limitiertes Upside. Put Buying/Call Writing	Voll dabei, nach oben und nach unten. Call Buying/Put Writing

Tab. 2.1: Die Prozyklität der Anlageberatung in Extremphasen

3. Kapitel
Zu viele Köche verderben den Brei

Die Theorie effizienter Märkte oder
Wenn im Kochbuch schon alles drin steht

Das bisher Gesagte scheint der Bank- und Beratungsindustrie ein schlechtes Zeugnis auszustellen: zu kurzfristig, falsche Empfehlungen zur falschen Zeit, zu sehr auf Kommissionen aus, falsche Anreizstrukturen und so weiter. Die Skandale, die in den letzten Jahren im Investment Banking oder bei den Anlagefonds aufgedeckt wurden, weisen in die gleiche Richtung. Andererseits gilt es aber zu beachten, dass auch die Anlagekunden selbst Verantwortung tragen für diese systemimmanenten Probleme. Ein mancher Bankkunde hat sich in den letzten Jahren arg beklagt, wenn er nicht regelmässig Anrufe von seinem Bankberater erhalten hat mit den neuesten «heissen Tipps» oder den neuesten Anlagemoden. Viele dieser Kunden unterliegen immer noch und immer wieder der Illusion, die Bankberater müssten über Informationen verfügen, die es ermöglichen, an den Märkten «einfach so» hohe Erträge zu generieren. Folglich sollte ein entsprechender Anruf im Zweifelsfall die Kasse zum Klingeln bringen. Solche Anleger sollten sich zunächst einmal fragen, warum Anlageberater ihr Geld noch immer als Bankangestellte verdienen, wenn es so leicht ist, mit irgendwelchen Informationen rasche Gewinne zu erwirtschaften. So einfach ist die Sache eben nicht.

Wie kommt es denn aber, dass alle diese unzähligen Analyseberichte und Börsenbriefe, «Trading Spots», «Technical Reports», «Economic Briefings» – oder wie auch immer die Empfehlungsberichte der Banken und Broker heissen mögen – letztlich nichts zur kurzfristigen Rendite der Kundenportfolios beitragen? Die Erklärung für dieses Phänomen findet sich in dem was die wissenschaftliche Literatur die «Theorie der effizienten Märkte» nennt.[18] In einem effizienten Markt reflektieren alle

---

18 Einige der nachfolgenden Argumente und Beispiele entstammen den «Acht Geboten der Geldanlage» (siehe Fussnote 9).

Preise jederzeit sämtliche relevanten und öffentlich verfügbaren Informationen. Das mag etwas abstrakt klingen. Doch Preise kommen auf einem Markt grundsätzlich dadurch zu Stande, dass jemand bereit ist, eine gewisse Menge eines Gutes jemand anderem zu einem bestimmten Preis zu überlassen, der diese Menge zu eben diesem Preis kaufen will. Angebots- und Nachfragestrukturen an den Gütermärkten unterscheiden sich von denjenigen an den Finanzmärkten vor allem dadurch, dass an den Finanzmärkten Veränderungen von Angebot und Nachfrage bereits dann ausgelöst werden, wenn sich die *Erwartungen* ändern. In der Regel bestimmen die Marktteilnehmer, die ihre Kauf- oder Verkaufsentscheide aufgrund von Erwartungen bzw. Erwartungsveränderungen vornehmen, die Kursentwicklung an den Finanzmärkten. Wir sind diesem Phänomen bereits im zweiten Kapitel begegnet, wo wir die fundamentalen Bewertungsmodelle von Aktienkursen abgeleitet haben. Der Kurs der Aktien wurde dort als abhängig von den in der Zukunft zu erwartenden Dividenden oder Gewinnen erkannt. Die kursbildenden Erwartungen beruhen entweder auf dem fundamentalen Umfeld (Zinsen, Gewinne etc.) oder auf eher technischen Überlegungen wie beispielsweise dem Kursbild selbst.

Diese Erwartungshaltungen bestimmen dann, ob eine Aktie auf dem aktuellen Kursniveau als attraktiv erachtet wird oder nicht. Die starken Kursfluktuationen sind dabei ein Zeichen für die Meinungsvielfalt aber auch für die Unsicherheiten, die der Erwartungsbildung an den Finanzmärkten eigen sind. Immer wieder bringt die Informationsflut Meldungen hervor, die Zins-, Dividenden-, Gewinn- oder sonstige -erwartungen beeinflussen und damit die kurzfristigen Erwartungsgleichgewichte durcheinander bringen.

Da wir davon ausgehen können, dass relevante Meldungen – auch ein Gerücht kann eine relevante Meldung sein – die Erwartungsbildung und damit Angebot und Nachfrage unverzüglich verändern, werden bei neuen Meldungen gleichzeitig auch die Kurse beeinflusst. Damit wird aber die kurzfristige Preisentwicklung ähnlich zufällig wie das Eintreffen neuer Informationen. Da alle Marktteilnehmer die Informationen mehr oder weniger gleichzeitig erhalten, wird es auch kaum möglich sein, daraus übermässige Gewinne zu schlagen, sonst wäre man ja systematisch schneller und besser als der Durchschnitt aller anderen Marktteilnehmer. Wahrscheinlich kommt man aber der Wahrheit näher, wenn man davon ausgeht, dass der durchschnittliche

Anleger oder Analyst mindestens so schlau ist, wie man selbst. Das heisst aber, etwas abstrakt ausgedrückt, dass davon auszugehen ist, dass die Kurse an organisierten Finanzmärkten im Normalfall die jeweils verfügbare Information für eine vernünftige Preisfindung bereits enthalten.

Wenn jedoch alles, was von Analysten, Journalisten, Technikern, Bankern etc. über einen Titel gesagt, geschrieben oder gar gedacht wird, im Preis bereits verarbeitet und somit enthalten ist, dann löst dies für den Anleger ein Informationsproblem. Dann kann er sich nämlich zumindest für die kurzfristigen Entscheide einfach nur auf den Preis selbst als Informationsmedium verlassen und alle anderen – Analysen, Reports, «Flashes» etc. – schlichtweg übergehen.

Überlegungen dieser Art bilden den Kern der bereits beschriebenen Theorie effizienter Märkte, über die in der wissenschaftlichen Literatur auf Tausenden von Seiten gestritten und debattiert wurde und wird. Wir wollen auf diese Diskussion hier nicht im Detail eingehen, weil viele der Debatten fruchtlos erscheinen, oft eher semantisch sind und dem einzelnen Anleger nichts bringen. Vielleicht gibt es gewisse Elemente, die nicht in jedem Moment vollständig in den Preisen enthalten sind und ab und zu einige wenige Basispunkte Zusatzertrag erbringen. Vielleicht auch nicht. Wirklich systematisch sind solche Element aber sicher nicht und der einzelne Anleger ist gut beraten, wenn er davon ausgeht, dass die Märkte ziemlich effizient sind und «da draussen» nicht systematisch Informationen rumliegen, die wir nur aufzuheben brauchen, um reich zu werden.

Folgendes gilt es deswegen mit aller Deutlichkeit festzuhalten: Wenn an den Märkten kurzfristig «informationseffiziente» Preise gelten, dann lassen sich kurzfristige Kursänderungen nicht prognostizieren und wir liegen mit einer einfachen Buy-and-Hold-Strategie, die in den breiten Markt investiert, gleich gut wie wenn wir den Tipps selbsternannter Finanzgurus glauben schenken. Wir stimmen einmal mehr mit der Meinung Daniel Kahnemans überein, der auf die Frage nach Sinn und Unsinn von Kurszielen in Unternehmensanalysen meint: «Sie sind unseriös, weil keiner die Zukunft voraussehen kann ...». Oder mit anderen Worten: Keiner der Marktteilnehmer weiss mehr als der andere und wir haben es nicht mit Propheten zu tun. Nebenbei bemerkt: Einer, der mehr wüsste, würde es uns wahrscheinlich kaum sagen.

Natürlich ist das provokativ. Aber letztlich ist all das ja eine Frage der Anlageperformance und der Empirie. Und hier gibt es eine immer breiter werdende Literatur, die bestätigt, dass Anlagestrategien, die hyperaktiv allen möglichen «heissen Tipps» oder kurzfristigen Anlageempfehlungen nachrennen, ausser hohen Kommissionen nichts bringen.

Unter anderem sei hier das Wall Street Journal zitiert, das seit mehreren Jahren einen (wahrscheinlich) nicht ganz erst gemeinten Wettbewerb veranstaltet, bei dem es darum geht, die Performance von Anlageempfehlungen verschiedener Anlageprofis mit der Performance von rein zufällig – mittels Pfeilwürfen auf die Kursseite des Wall Street Journals – zusammengestellten Portfolios und einem Index zu vergleichen.[19] Eine Auswertung von dreissig dieser Wettbewerbe lieferte folgende Resultate: Das Portfolio der Experten übertraf die Indexwerte 18-mal, das Pfeil-Portfolio aber auch 15-mal. Nur in 16 Fällen erbrachte das Expertenportfolio eine höhere Rendite als die «Pfeile». Das heisst, dass in 14 von 30 Fällen das rein zufällig zusammengesetzte Portfolio besser war, als die Profis mit ihrer teuren Analysemaschinerie, die letztlich auch jemand bezahlen muss.

Als weiteres Beispiel dient eine Arbeit zur Qualität von Unternehmensanalysen, die im Jahre 1998 an der Universität Basel verfasst wurde.[20] Der Autor ging der Frage nach, ob sich mit Anlageempfehlungen Zusatzgewinne erzielen lassen. Der untersuchte Zeitraum umspannte eine Periode von 4 Jahren aus der Mitte der 90er-Jahre. Insgesamt lagen der Arbeit über 900 Anlageempfehlungen der wichtigsten Schweizer Banken und Research-Häuser sowie einiger Börsen-Kolumnen zugrunde. Zwei Drittel (637 von 916) der Empfehlungen waren Kaufempfehlungen. Die Ergebnisse sind zusammenfassend in der *Abbildung 3.1* dargestellt.

Die Abbildung enthält die Überschussrenditen (Säulen) und die kumulierten Überschussrenditen (durchgezogene Linie) der 637 Kaufempfehlungen. Auf der horizontalen Achse sind die jeweiligen fünfzig Wochen vor und nach der Veröffentlichung der Empfehlungen abgetra-

---

19 Der Ansatz wird diskutiert bei OERTMANN, P., Lassen sich Aktienkurse prognostizieren?, in: GEHRIG, B./ZIMMERMANN, H., Fit for Finance, Theorie und Praxis der Kapitalanlage, Verlag Neue Zürcher Zeitung, Zürich 1996.
20 BERTOLDI, L., Was sind Anlageempfehlungen wert?, WWZ News, Universität Basel, 1998.

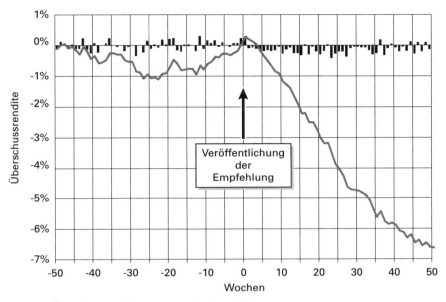

Abb. 3.1: Überschussrenditen von 637 Kaufempfehlungen

gen. Die Ergebnisse sind ernüchternd: In den Wochen *vor der Publikation* der Kaufempfehlungen scheinen die Titel eine bessere Kursperformance aufzuweisen als der generelle Aktienmarkt. Sie fallen zunächst also besonders positiv auf und werden nachher empfohlen. *Nach der Publikation* ist es aber deutlich anders. Die kumulierte Überschussrendite sinkt kontinuierlich und rund ein Jahr nach den Kaufempfehlungen weist das Portfolio der «heissen Tipps» gegenüber dem Index eine Unterperformance von rund 6,5 Prozent auf.

Die Tatsache, dass *vor* den Empfehlungen eine recht systematische Überperformance festzustellen ist, scheint darauf hinzuweisen, dass die «Tipps» in vielen Fällen eine Extrapolation der jüngeren Performancegeschichte darstellen und nicht wirklich fundamental gerechtfertigt sind.

Nun sollen diese beiden zufällig ausgewählten Beispiele nicht den Eindruck erwecken, die empirische Evidenz zur Theorie der effizienten Märkte sei damit erschöpft. Es wurde oben bereits darauf hingewiesen, dass die wissenschaftliche Literatur auf diesem Gebiet Tausende von Arbeiten hervorgebracht hat, sich aber nicht wirklich einig ist, ob jede einzelne Information sich wirklich immer und unverzögert in den Preisen wieder findet. Es ist aber zusammenfassend wohl fair zu sagen, dass die Märkte für «reasonably efficient» gehalten werden. Die Diskussion auf diesem Gebiet wird aber wohl nie wirklich zu Ende sein.

Die relevante Frage, die sich in diesem Zusammenhang für einen Anleger stellt, lautet, ob er damit rechnen kann, dass ihm das Befolgen irgendwelcher kurzfristigen Tipps und Prognosen – nach all den Kosten die ihm dadurch entstehen – systematisch etwas zu seiner längerfristig-strategischen Allokation oder zu seiner längerfristigen Performance beiträgt. Dies ist klar zu verneinen.

Wenn man aber nur beschränkt prognostizieren kann und auch eine fundamentale Analyse nicht viel zur Verbesserung unserer Depotstruktur beizutragen vermag, sollten wir uns ein paar Grundsatzfragen stellen. Immerhin beschäftigt die Banken- und Finanzwelt Tausende von Leuten, die mit immer ausgeklügelteren Verfahren Aktienkurse, Zinsen, Wechselkurse etc. analysieren und Prognosen erstellen, um diese den Anlegern zu «verkaufen». Gelegentlich scheint uns der Börsenguru beinah ein verwandter des Wetterfroschs zu sein. Beide werden uns neuerdings all abendlich via Tagesschau in die heimische Stube gebracht und beide erklären sie uns, wie es heute war und morgen sein wird. Mit einem Unterschied: Dem Wetterfrosch ist es in den letzten Jahren immerhin gelungen, die Treffsicherheit seiner Prognosen zu verbessern.

Warum ist das so? Warum scheint man – völlig anders als bei der Wetterprognose – umso mehr Probleme bei der Voraussage der Finanzmärkte zu haben, je mehr man über sie zu wissen glaubt?

Die Antwort findet sich im oben bereits Gesagten. *Neue*, am Markt eintreffende Informationen (überraschende Leitzinsveränderungen, Dividendenkürzungen u.ä.) werden *umgehend* in ihren Wirkungen analysiert und führen zu *sofortigen* Preisänderungen. Dabei ist der Überraschungscharakter der jeweiligen Informationen von wesentlicher Bedeutung, da ja (definitionsgemäss) erwartete Ereignisse bereits im Preis enthalten sind oder zumindest sein sollten.

Dieser Preisbildungsmechanismus führt dazu, dass die kurzfristige Dynamik der Preisentwicklung an den Finanzmärkten fast ausschliesslich von Überraschungen getrieben wird. Deswegen darf es nicht verwundern, dass die Preise selbst auch unerwartet schwanken. Auch wenn gelegentlich der Eindruck entsteht, es würde sich ein systematisches Muster herausbilden, so ist dasselbe in der Regel am nächsten Tag bereits wieder zerstört.

Dies macht deutlich, dass eine Börsenprognose, die auch nur annähernd so erfolgreich sein möchte wie eine Wetterprognose, bedingen würde, dass man unerwartete Ereignisse voraussehen kann. Ein Widerspruch in sich selbst. Das zeigt aber auch, dass man den Wetterfrosch und den Börsenguru eben nicht auf die gleiche Ebene stellen kann. Denn während der eine versucht, mit statistischen Modellen physikalische Prozesse zu erklären, muss der andere mit ähnlichen Modellen soziales Verhalten ergründen. Da aber die Marktteilnehmer – anders als die Hochs und Tiefs an der Wetterfront – ihrerseits auch auf die Prognose reagieren, kann diese schnell zu Makulatur werden.

Dies wiederum weist darauf hin, dass die geringe Treffsicherheit kurzfristiger Börsenprognosen nicht unbedingt etwas mit der Qualität der Analysten zu tun hat. Ganz im Gegenteil: Sie ist Ausdruck davon, dass sich jegliches Analyseergebnis unverzögert in den Aktienkursen niederschlägt. Die Tatsache, dass also die Analysten und Berater sehr rasch auf jede Änderung des Erwartungsumfeldes mit Umschichtungen von einer Aktie in eine andere reagieren, führt dazu, dass das, was sich eigentlich in der Zukunft ereignen würde, eben schon jetzt passiert. Damit ist aber der Informationseffekt verpufft, die Zukunft wird zur Gegenwart und der Preis – wie oben vermutet – zu einem guten (und billigen) Informationsaggregat.

Je grösser also die Anzahl der Analysten und je besser die Qualität ihrer Arbeit, desto eher reflektiert der heutige Kurs alle relevanten Informationen. Hier findet sich dann auch der Titel dieses Kapitels wieder mit den vielen Köchen, die den Brei verderben.

Und wir stossen damit auf ein Paradoxon, für welches auch die wissenschaftliche Literatur nicht wirklich eine Lösung hat: Je mehr Analysten wir haben und je besser sie ihre Arbeit erledigen, desto weniger braucht es sie, weil sich ihre Schlussfolgerungen jederzeit – umsonst – in den Börsenkursen wiederfinden. Paradoxerweise würden die Preise, wenn es keine Analysen mehr gäbe, ihre Informationsfunktion nicht mehr übernehmen können, was Analysen wieder lohnenswert machen würde.

Und die Moral von der Geschicht ...

Die Diskussion über den Grad der Informationseffizienz der Finanzmärkte und die möglichen Konsequenzen für die Strategien sowohl privater als auch institutioneller Anleger geht bis ins vorige Jahrhundert zurück. Natürlich versuchten Finanzdienstleister schon früh, die entsprechenden Forschungsergebnisse in Anlageprodukte umzumünzen. Schon in den frühen 70er-Jahren lancierte beispielsweise Wells Fargo in den USA den ersten Indexfonds auf den S&P500. Ein Indexfonds macht nichts anderes, als völlig passiv in gleicher Art und Weise wie der Index zu investieren und die Positionen einfach zu halten – entsprechend der obigen Überlegungen ohne Prognosen, ohne Timing-Entscheide oder kurzfristiges Trading.

Wie aus der Theorie effizienter Märkte und den obigen Überlegungen nicht anders zu erwarten, ist die Performance der Indexfonds der Rendite aktiv verwalteter Fonds nicht systematisch unterlegen. Dies hat dazu geführt, dass heute bereits rund ein Drittel der US-Pensionskassengelder passiv verwaltet werden. Für private Anleger öffnete sich der Markt mit Indexprodukten erst Ende der 70er- resp. Anfang der 80er-Jahre. Aber auch hier wird geschätzt, dass bereits über zehn Prozent der Gelder in Index- oder indexähnlichen Produkten verwaltet werden. Diese Anlagekategorie wird nicht zuletzt auch deswegen immer populärer, weil die entsprechenden Produkte im Normalfall billiger zu kaufen sind als aktive Fonds. Und wenn sie bezüglich der Performance schon nicht zurückliegen, warum sollte man dann mehr bezahlen? Wir werden auf einzelne dieser Produkte, vor allem aber auf die entsprechenden Gebühren noch eingehend zu sprechen kommen.

Es liegt auf der Hand, dass der Vergleich der Renditen von aktiv gemanagten Anlagefonds mit rein passiven «Vehikeln» oder eben Indizes zumindest implizit eine weitere Überprüfung der Markteffizienz-Hypothese ermöglicht. Wir haben in der Folge eine Reihe solcher Vergleiche vorgenommen.

Interessant scheint als erstes die Frage, ob die Märkte mit wachsender Erfahrung der Analysten und Asset-Manager oder mit zunehmender Reife der Märkte einen steigenden Effizienzgrad annehmen. *Abbildung 3.2* scheint darauf hin zu deuten. Sie untersucht, wie sich in den USA der Anteil derjenigen Aktienfonds über die Zeit entwickelt hat, die den Index in den einzelnen Jahren schlagen konnten.

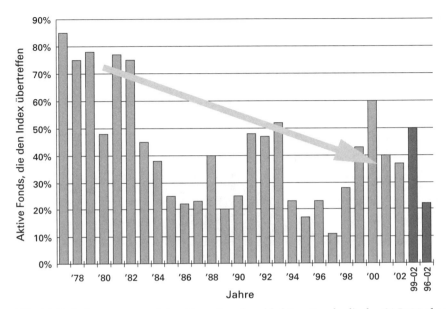

Abb. 3.2: Indexierung versus aktives Verwalten; Anzahl aktiver Fonds, die den S&P500 übertreffen (Quelle: Vanguard)

Während noch Mitte der 70er-Jahre über 80% der aktiven Fonds den Index in puncto Rendite hinter sich lassen, ist dieser Anteil im Lauf von 25 Jahren auf etwa 30% gefallen und stabilisiert sich seither in diesem Bereich. Mit zunehmendem Reifegrad scheint es somit immer schwieriger zu werden, eine passive Strategie zu schlagen. Dass diese Zahlen auch für andere Länder ihre Gültigkeit haben, zeigt *Abbildung 3.3*, in welcher wir zusammengestellt haben, wie gross der Anteil der aktiven Fonds ist, die den Index in einzelnen Jahren und dann über die Perioden von 1992–1997, 1996–2002 bzw. 1999–2002 übertroffen haben.

Es ist offensichtlich, dass wir auch hier irgendwo im Bereich zwischen zwanzig und vierzig Prozent landen. Daran ändert auch die Tatsache nichts, dass wir in den letzten drei Jahren eine relativ schlechte absolute Performance an den Aktienmärkten erlebt haben. Eine Situation, die den aktiven Fonds an sich helfen sollte, da sie ja auch Kasse halten dürfen. Einzig in Japan scheint die jahrelange Krise entsprechende Spuren hinterlassen zu haben. Viele Fondsmanager haben schon seit Mitte der 90er-Jahre in den japanischen Aktienfonds relativ viel Kasse gehalten – waren also nicht in Aktien investiert –, was deren Performance natürlich

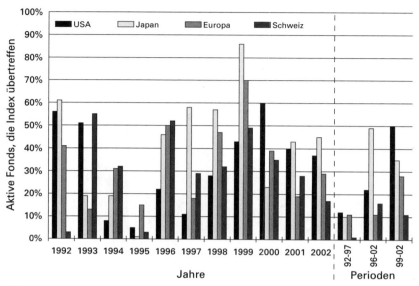

Abb. 3.3: Anteil aktiver Funds, die den Index schlagen (Quelle: CSAM, Micropal)

relativ zum Index verbessert hat. Aber auch das brachte den relativen Anteil nur in den Bereich zwischen dreissig und fünfzig Prozent und wird sich natürlich dann negativ auswirken, wenn der japanische Markt wieder nachhaltig zu rentieren beginnt.

Nun ist diese ganze Angelegenheit selbstverständlich nicht nur ein Thema bei den Anlagefonds, sondern ganz generell bei aktiv verwalteten Mandaten auch für institutionelle Anleger wie Versicherungen oder Pensionskassen. In den letzten Jahren haben sich denn auch in der Tat immer mehr institutionelle Anleger von der Vergabe aktiver Mandate zurückgezogen und so genannte Indexmandate vergeben. Bei solchen Indexmandaten sind die Anlagemanager jeweils gehalten, nach Massgabe einer maximal erlaubten Abweichung in gleicher Art und Weise zu investieren wie der Index. Der Grund für solche Strategiewechsel vieler institutioneller Anleger ist einerseits darin zu suchen, dass aktive Manager – ähnlich wie wir dies oben für die Fonds gezeigt haben – mehr oder weniger systematisch unter den Zielindizes liegen, dass sie andererseits aber trotzdem höhere Gebühren verlangen als die Indexmanager. Es gilt analog das gleiche wie oben: Wenn sie bezüglich der Performance schon zurückliegen, warum sollte man dann mehr bezahlen?

Wir wollen in der nächsten Abbildung beispielhaft die Erfahrungen eines solchen institutionellen Anlegers illustrieren. Es handelt sich um die Erfahrungen des Wertschriftenportfolios der Publica, der Pensionskasse des Bundes, mithin der grössten Pensionskasse in der Schweiz. Die Publica hat sich Mitte 2002 nach einer Reihe von Enttäuschungen mit aktiven Managern entschieden, einen grösseren Teil des Wertschriftenportfolios in Indexstrategien zu investieren. Dabei wurden nicht alle Wertschriftenanteile blindlings in Indizes investiert, sondern es wurde eine so genannte Core-Satelite-Strategie gewählt, bei welcher der grösste Teil des Portfolios indexiert ist, aber mit kleinen Anteilen trotzdem in gewisse Spezialitäten investiert wird. *Abbildung 3.4* enthält zum einen die monatlichen Abweichungen des Wertschriftenportfolios von seiner Benchmark und zum anderen die Kumulation dieser Abweichungen über die Zeit.

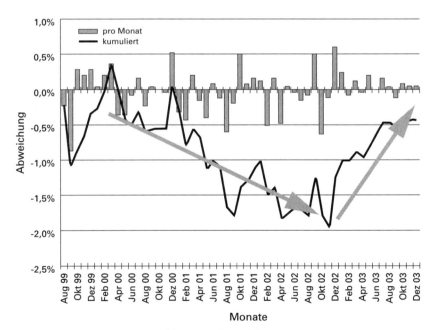

Abb. 3.4: Aktiv versus passiv; Erfahrungen der Publica

Die Ergebnisse sprechen für sich. Die Darstellung der kumulierten Abweichungen zeigt, dass bei aktiver Wertschriftenverwaltung ein systematisch negativer Impact entsteht. Nachdem ab Mitte 2002 ein grösserer Teil des Wertschriftenvermögens indexiert war, drehte sich dieser

Impact langsam wieder und die Abweichungen werden sich irgendwo unterhalb der Nulllinie stabilisieren. Gänzlich zu vernachlässigen werden sie nie sein, da ja auch bei der Indexierung noch Kosten anfallen. Aber diese sind einerseits geringer als bei der aktiven Verwaltung und andererseits trägt die Publica jetzt ein tieferes Risiko, auch noch für Fehler der Manager bezahlen zu müssen.[21]

Wir wollen hier nicht noch weiter auf die empirische Evidenz beim Vergleich von aktiven und passiven Anlagestrategien eingehen. Die Tendenz ist trotz der verschiedenen Probleme bei der Datenerhebung, mit denen solche Untersuchungen immer behaftet sind, offensichtlich. Sie schlägt denn auch in den meisten vergleichenden Analysen zur relativen Performance von Indizes und aktiven Anlagefonds oder generell aktiven Managern durch: Es scheint ausgesprochen schwierig zu sein, mit aktivem Management systematisch eine gegebene Messlatte zu erreichen und damit Mehrwert für die Anleger zu schaffen. Und je länger der Anlagehorizont ist, umso schwieriger ist dieses Unterfangen.

Die Gründe für dieses Phänomen sind klar und oben bereits erläutert worden. Einerseits liegt es an den relativ hohen Kosten der aktiven Vermögensverwaltung und andererseits daran, dass die Kurse der meisten Aktien einen grossen Teil der für die Kursbildung relevanten Informationen schon enthalten, bevor wir – bzw. die Fundmanager – überhaupt dazu kommen, die entsprechenden Werte zu kaufen.

Muss das immer und überall so sein? Natürlich nicht. Zum einen kann es durchaus sein, dass ein Manager in einem bestimmten Jahr eine wirklich gute «Nase» hat. Zum anderen ist es beispielsweise im Bereich von Spezialitäten durchaus möglich, dass nur einige wenige Analysten die Zusammenhänge wirklich verstehen und dort durch ihr Spezialwissen eine Zeitlang Mehrwert schaffen können. Bei den Aktienmärkten wenig erforschter Schwellenländer scheinen aktive Strategien beispielsweise einen Mehrwert gegenüber den Indizes generieren zu können. So übertrifft, gemäss einer Analyse der Neuen Zürcher Zeitung[22], der durchschnittliche Manager indischer Aktienfonds seine Messlatte im Jahre

---

21 In Abbildung 3.4 ist es überraschend, dass sich der Impact umdreht. Bei reiner Indexierung wäre an sich zu erwarten, dass sich der Impact stabilisiert. Vermutlich schlägt bei der obigen Darstellung die positive Wirkung der einzelnen «Satelliten» durch.
22 NZZ Sonderbeilage «Anlagefonds» vom Januar 2004.

2003 um über zehn Prozentpunkte und ebenso in der Periode von 2001 bis 2003. Ebenfalls erfolgreich sind die aktiven Manager beispielsweise indonesischer oder malaiischer Aktien über die gleiche Zeitperiode, wohingegen die relativ entwickelten Märkte Südostasiens wie Korea und Taiwan ein ähnliches Muster aufweisen wie oben die USA und Europa. Bei den Schwellenländern Osteuropas ist das Ergebnis nicht ganz eindeutig. Über die längere Periode von 2001 bis 2003 schlagen die aktiven Manager die Indizes deutlich, im 2003 für sich allein betrachtet allerdings nicht mehr.

Es sollte nicht erstaunen, dass in den «Spezialitäten» ein aktives Research für das Portfoliomanagement Mehrertrag schaffen kann. Ein Markt wird ja vor allem dann effizient, wenn sich genügend Spezialisten für einen Titel oder einen Markt interessieren, ihn verfolgen und dafür sorgen, dass die kurzfristigen Erwartungsgleichgewichte hergestellt werden. In der Tat ist kaum anzunehmen, dass die dreihunderteinundzwanzigste Analyse zu den Gewinnaussichten der Deutschen Bank oder von Nestlé auch noch Mehrwert schafft. Eine grundlegende Analyse eines KMU in Vorpommern, das im Zweifelsfall nur von einer Handvoll Analysten beobachtet wird, kann dies aber sehr wohl. Insofern sollte es nicht verwundern, wenn aktive Fonds, die sich auf reine «Spezialitäten» konzentrieren, durchaus ihre Messlatte übertreffen können. Das ist mithin auch der Grund, weswegen die oben bereits erwähnte Pensionskasse des Bundes neben der Indexierung in solche Spezialitäten investiert. Dem durchschnittlichen Fonds in den traditionellen Märkten gelingt dies aber offensichtlich nicht.

Wichtig ist, in diesem Zusammenhang noch einmal zu betonen, dass das ungünstige Ergebnis der aktiven Fonds sicher nicht die Unfähigkeit von Portfoliomanagern oder Research-Abteilungen beweist – ganz im Gegenteil, wie paradox dies auch klingen mag. Gerade die permanente Suche vieler Analysten und Fondsmanager nach kursrelevanten Informationen und deren möglichst rasche und effiziente Verarbeitung führen ja dazu, dass die Preise all dies sofort reflektieren. Oder in quasi geflügelten Worten: Die Summe der Versuche, das Unmögliche (die Prognose) möglich zu machen, macht das sonst Mögliche unmöglich.

Vieler Orts wird dieser Sachverhalt völlig verkannt. Allzu oft wird aus Unkenntnis über die Funktionsweise der Finanzmärkte behauptet, jeder durchschnittliche Portfoliomanager müsse mit seiner Fondsperformance systematisch über der Benchmark liegen, sonst sei er sein Gehalt nicht wert.

Welche Blüten das Unverständnis der Wirkungsweise der Aktienmärkte gelegentlich treibt, zeigt ein Beispiel aus der ZEIT vom Frühjahr 1999, in welchem ein Kolumnist meint: «... der Wert eines Aktiendepots entwickelt sich schliesslich immer umgekehrt proportional zum Intelligenzquotienten seines Besitzers. Das ist auch logisch: Je intelligenter ein Mensch ist, umso rationaler geht er vor. Aber Aktienkurse entwickeln sich völlig irrational. (...) Wer denkt hat einfach keine Chance. An der Börse jedenfalls.» Mit solchen Bemerkungen disqualifiziert sich der Börsenkolumnist vor allem selbst.

Auf ähnlichen Missverständnissen beruhen aber oft auch die Erwartungen, mit denen die Anleger einem Bankberater gegenübertreten. Wer glaubt, dieser werde einem einfach nur die richtigen Aktien empfehlen, die – natürlich möglichst rasch – zu Reichtum führen, geht von völlig falschen Annahmen aus. Die Bankberater wissen, dass sie dies nicht leisten können, auch wenn sie es kaum in dieser Deutlichkeit zu sagen wagen. Was der Berater aber vermag, ist in einem persönlichen Gespräch herauszufinden, welche Risikoneigung und Risikofähigkeit ein Anleger besitzt, welche Aktienquoten er halten kann und soll und wie letztlich die Allokation dieses individuellen Anlegers in Aktien, Fonds, Immobilien, Renten etc. aussehen sollte. Eine solche Beratung bringt längerfristig mehr als irgendwelchen heissen Tipps hinterher zu rennen, die im Zweifelsfall nur viel Geld kosten.

4. Kapitel
«Sell in May and Go Away» oder Wieviel wissen die Märkte wirklich?

Die im letzten Kapitel diskutierte Theorie effizienter Märkte lässt uns in mancherlei Hinsicht ziemlich ratlos zurück. Die Preise enthalten jegliche Information, Aktienkurse verhalten sich ähnlich unvorhersehbar wie der Fluss neuer Informationen etc., dies alles sei aber dennoch nicht irrational, sondern das Ergebnis vernünftigen Verhaltens der Marktteilnehmer. Schwer verdauliche Kost, auch wenn wir uns wenigstens mit der langen Frist trösten können, die uns nach wie vor aufzeigt, wo sich längerfristig der «Wagen» hinbewegt.

Gerade auf Seiten der «Praktiker» haben diese Schlussfolgerungen einige Stirnfalten hervorgerufen, stellen sie doch eine Reihe von Paradigmen der Bank- und Anlageindustrie in ein etwas seltsames Licht. Aber auch rein intuitiv scheinen einige der gemachten Aussagen etwas schwer verdaulich zu sein, kennen wir doch alle einige Regularitäten, die sich in der Vergangenheit recht gut bewährt zu haben scheinen.

Hierzu einige Bemerkungen. Zum einen besagt die Theorie effizienter Märkte nicht, dass es keine Möglichkeiten gibt, an den Finanzmärkten Geld zu verdienen. Sie besagt lediglich, dass es sehr schwierig ist, kurzfristig systematisch besser zu sein, als der «Durchschnitt». Systematisch heisst dabei: Immer und immer wieder. Noch eine Bemerkung zum «Durchschnitt». Wenn mehr oder weniger engagierte Laien im Mittel die gleichen Erträge erarbeiten können wie die «Profis», dann ist dies zumindest nicht schlecht. Wo sonst im Leben kann man mit unterdurchschnittlichem Aufwand einen durchschnittlichen Ertrag erzielen? Oder um es mit JEREMY SIEGEL zu sagen[23]:

> «… there is a crucially important difference about playing the game of investing compared to any other activity. Most of us have no chance of

---

23 SIEGEL, J. J., Stocks for the Long Run, McGraw Hill, New York 1998.

being as good as the average in any pursuit where others practice and hone their skills for many, many hours. But we can be as good as the average investor in the stock market with no practice at all.» (S. 272)

Im Januar, im Januar ...

Immerhin gibt es die oben genannten vermeintlichen Regularitäten und Börsenregeln, die unser Metier in ähnlicher Weise begleiten wie etwa der hundertjährige Kalender die oben schon einmal bemühten Meteorologen. Mit zu diesen Regeln gehören eine Reihe von saison- oder jahreszeitlich bedingten Effekten, die immer wieder zu Berühmtheit gelangen.

Wann immer man mehr oder weniger zufällig ein, zwei Jahre hintereinander einen besonders guten Januar an den Weltbörsen erlebt hat, wird der «Januareffekt» aus der Schublade gezogen. Ein Phänomen, das vermuten lässt, die Aktienerträge seien im Januar systematisch höher als in den anderen Monaten des Jahres. Sofort entstehen Themenfonds, die den Januareffekt für die Kundschaft zu Geld machen sollen, nur um drei Jahre später voller Erstaunen festzustellen, dass es diesmal leider nicht funktioniert hat.

So einfach ist es eben auch mit den Saisoneffekten nicht. In der *Abbildung 4.1* wurden beispielhaft die jeweiligen Durchschnitte der monatlichen Erträge am Schweizer Aktienmarkt über die letzten 30 Jahre abgetragen.

Da haben wir ihn ja schon, den guten alten Januareffekt, wie er jedes Jahr so etwa im Dezember wieder in den einschlägigen Kolumnen angekündigt wird. Der Januar war offensichtlich mit durchschnittlich 2,20 Prozent der beste Monat am Schweizer Aktienmarkt über die letzten 30 Jahre. Der September offensichtlich mit minus 1,5 Prozent der schlechteste. Im Mai – «Sell in May and go away» – hätte man eigentlich nicht verkaufen sollen, sondern eher erst im Juni, denn *der* brachte im Durchschnitt ja noch einmal fast ein Prozent Gewinn, während die Sommerrenditen allesamt an der Sonne zu verdunsten scheinen.

Nun ist das aber so eine Sache mit Durchschnittswerten, vor allem wenn man ihnen ein wenig auf den (statistischen) Grund geht. Jeder der einzelnen Monatsdurchschnitte entsteht aufgrund von 30 Einzelbeobachtungen und diese streuen natürlich um den Durchschnitt, haben eine so genannte Standardabweichung. Diese besagt, um wie viel die 30 einzel-

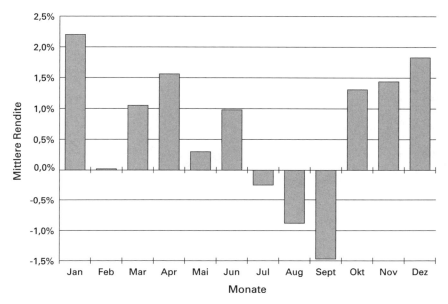

Abb. 4.1: Mittlere Monatsrenditen am Schweizer Aktienmarkt über die letzten 30 Jahre

nen Monatsbeobachtungen von ihrem jeweiligen Monatsdurchschnitt abweichen. Die Standardabweichung beträgt beispielsweise für den Januar 4,5 Prozent. Das heisst, dass die einzelnen Januarbeobachtungen im Normalfall etwa 4,5 Prozent vom Januardurchschnitt entfernt liegen. *Abbildung 4.2* zeigt, was dies im Detail bedeutet. Wir haben hier für die einzelnen Monatsdurchschnitte jeweils eine Standardabweichung nach oben und unten abgetragen.[24]

Die Ergebnisse sind deutlich. Wenn man den Streubereich der einzelnen Monatsdurchschnitte mitberücksichtigt – die jeweils grau unterlegte Fläche –, dann sieht es kaum mehr so aus, als würde ein bestimmter Monat besonders herausragen. Dies bedeutet, dass sich statistisch betrachtet die einzelnen Monate nicht wirklich unterscheiden – auch nicht der Januar.

Dies ist kein untypisches Ergebnis. Nicht selten werden gerade an den Finanzmärkten irgendwelche Phänomene aufgrund historischer Durch-

---

24 Das ist der Bereich, innerhalb welchem man statistisch gesehen die einzelnen Beobachtungen mit einer Wahrscheinlichkeit von 67% erwarten würde.

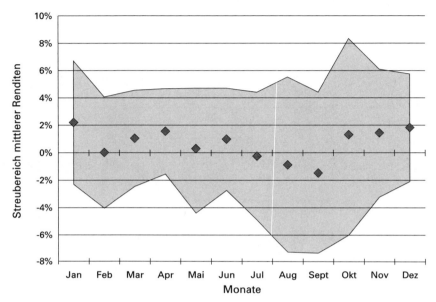

Abb. 4.2: Streubereich der mittleren Monatsrenditen am Schweizer Aktienmarkt über die letzten 30 Jahre

schnitte beurteilt und anschliessend als neue Erkenntnisse «verkauft», ohne dass dabei die Streuung berücksichtigt wird, die den jeweiligen Mittelwerten zu Grunde liegt. Wenn man basierend auf historischen Werten irgend etwas über die Zukunft aussagen möchte, dann spielt die «Qualität» des Durchschnittes – sprich: die Streuung – eine wesentliche Rolle.

Zur weiteren Illustration wollen wir uns die einzelnen Monate noch etwas näher ansehen. Die *Abbildung 4.3* enthält alle Januarbeobachtungen, auf denen unsere obigen Berechnungen basieren, in Form eines Histogramms. Auf der horizontalen Achse sind die Monatsrenditen abgetragen und auf der vertikalen die Anzahl der Januare, in denen die entsprechenden Renditen beobachtet wurden. Es handelt sich hier um die gleiche Art von Darstellung, wie wir sie in Abbildung 1.11 im ersten Kapitel kennen gelernt haben.

Offenkundig haben wir auf der rechten Seite einen Ausreisser mit einer Monatsrendite von über 16 Prozent – nota bene der zweitbeste Monat am Schweizer Aktienmarkt in den letzten 30 Jahren. Es war der Januar 1975. Es spielt hier keine wesentliche Rolle, was sich im Januar 1975

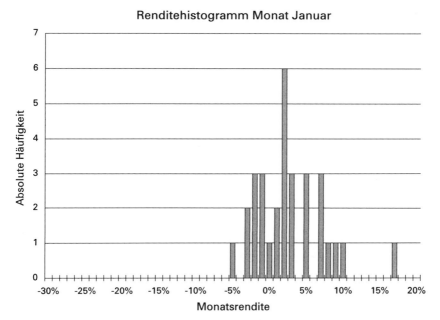

Abb. 4.3: Verteilung der Aktienrenditen im Januar über die letzten 30 Jahre

ereignet hat. Wenn wir einfach einmal davon ausgehen, dass es sich um einen Ausreisser handelt, der aus heutiger Sicht kaum mehr relevant ist, und diesen Ausreisser folglich aus unserem Datenset eliminieren, dann schrumpft die durchschnittliche Januarrendite auf 1,6 Prozent – und weg ist der Januareffekt.

Eine ähnliche Übung können wir mit dem Oktober machen, er ist in diesem Zusammenhang ebenfalls ein interessanter Monat. Wer erinnert sich nicht an den Oktober 1987, der für die Finanzmärkte wohl der schlechteste Monat aller Zeiten gewesen sein dürfte. Wenn dem aber so ist, warum kommt dann der Oktober in Abbildung 4.1 mit einer durchschnittlichen Rendite von fast 1,5 Prozent so gut weg? Das Oktober-Histogramm (*Abbildung 4.4*) und die grosse Streuung, die sich für den Oktober in Abbildung 4.2 manifestiert, geben hier wiederum Auskunft.

Offenkundig passieren im Oktober wilde Dinge. Wir haben mit dem Oktober 1987 nicht nur den schlechtesten (–27%) aller Monate, sondern mit dem Oktober 1998 gleichzeitig auch noch den besten (+18%) Monat der gesamten 30-jährigen Periode.[25] Diese beiden Ausreisser, die

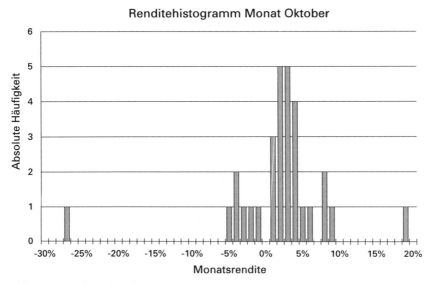

Abb. 4.4: Verteilung der Aktienrenditen im Oktober über die letzten 30 Jahre

nachweislich Extremsituationen an den Weltbörsen darstellten und sich natürlich in *irgendeinem* Monat hätten ereignen können, sind dafür verantwortlich, dass der Monat Oktober in Abbildung 4.2 die mit Abstand höchste Streuung aufweist. Sollen solche Überlegungen die Basis einer langfristigen Anlagestrategie sein?

Was soll dieser Exkurs über angewandte Statistik? Er will darauf aufmerksam machen, dass man nicht beliebige historische Durchschnitte verwenden soll, um daraus unbesehen grundlegende Aussagen über mögliche Regularitäten, Zukunftsentwicklungen oder gar Börsenregeln abzuleiten. Im Zweifelsfall lohnt es sich, die berechneten Werte zu hinterfragen. Nicht selten gibt es einfache Erklärungen für vermeintliche Anomalien, die oft genug dazu missbraucht werden, Scharlatanerien zu verkaufen. Wenn man aber einige der «alten Börsenregeln» als erheiternden Beitrag unserer Gilde zum tristen Alltag versteht – so ein bisschen wie die Wettertipps der Muotathaler Wetterfrösche – dann sind sie alleweil interessant.

---

25 Nur so zur Erinnerung: Der Oktober 1998 folgte auf den «LTCM-Crash» im September 1998.

Sommer- und Winterportfolios

Ein weiteres, oft zitiertes saisonales Phänomen beschäftigt sich mit der Frage, warum die Aktienbörse in den Wintermonaten systematisch bessere Erträge abzuwerfen scheint als in den Sommermonaten. Diese Regularität findet sich im geflügelten Wort des «Sell in May an go away» wieder, über welches man jedes Jahr zur gegebenen Zeit in den einschlägigen Kolumnen lesen kann. Wir wollen auch dieser Regel etwas auf den Zahn fühlen. Also der Frage, ob denn Aktienportfolios, die von November bis April gehalten werden – also im Mai verkauft werden – tatsächlich eine bessere Rendite abwerfen als solche, die über die Sommermonate gehalten werden – also von Mai bis Oktober. In der populärwissenschaftlichen Literatur findet sich diese Vermutung recht häufig und auch ein Blick auf die Abbildung 4.1 mit den tristen Sommermonaten scheint eine solche Assoziation zu rechtfertigen. Und natürlich werden Anlageprodukte angeboten, die auf dieser Hypothese basierend verwaltet werden.

Wenn wir die entsprechenden Daten betrachten, finden wir Erstaunliches: Ein Portfolio, welches über die letzten 30 Jahre jeweils von November bis April (inklusive) in den Index investiert war, erbrachte eine durchschnittliche Halbjahresrendite von rund 8,5%. Das Portfolio, das von Mai bis Oktober investiert war, produzierte hingegen einen durchschnittlichen Verlust von 0,5%. Das Winterhalbjahr war mit anderen Worten im Durchschnitt erstaunliche 9% rentabler als das Sommerhalbjahr.

Aber auch hier wollen wir uns die Werte näher ansehen, denn die Schwankungen um den Durchschnitt sind hier ebenfalls eklatant. Des Weiteren haben wir immer noch die monatlichen Ausreisser – also die einzelnen extremen Januar- oder auch Oktoberwerte, die wir oben diskutiert haben. Allerdings scheinen diese hier eine untergeordnete Rolle zu spielen, da wir ja mit Halbjahresdurchschnitten arbeiten und den einzelnen Monatswerten entsprechend weniger Gewicht zukommt.[26] Wie sehen die Renditenverteilungen um die Durchschnittswerte grafisch aus? Die *Abbildung 4.5* gibt einen Hinweis darauf.

---

26 Wenn wir die extremen Ausreisser in den einzelnen Monaten eliminieren, erbringt der Winter immer noch 8,1% versus 1,0% für den Sommer.

4. Kapitel: «Sell in May and Go Away» oder Wieviel wissen die Märkte wirklich?

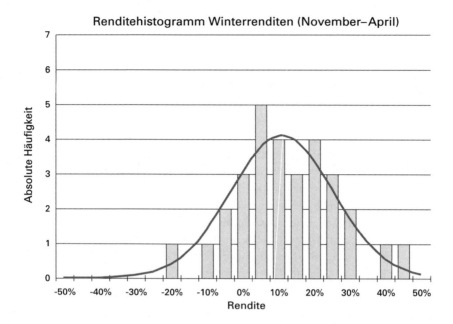

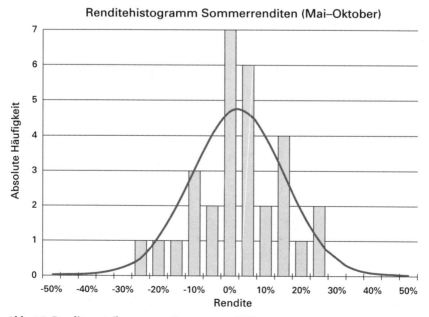

Abb. 4.5: Renditeverteilungen von Sommer- und Wintermonaten

In der oberen Grafik findet sich die Renditeverteilung der einzelnen Wintermonate mit ihrem Durchschnitt (die Mitte der Verteilung) von rund 8,5% und in der unteren Grafik die Verteilung der Sommerrenditen mit dem Durchschnitt etwas unter Null. Natürlich sind die Verteilungen nicht identisch und natürlich auch nicht ganz «normal» – im Sinne der ebenfalls eingeblendeten «Gauss'schen Kurve». Da wir von nur 30 Beobachtungen ausgehen, ist es nicht verwunderlich, dass die Gauss'sche Kurve, die wir grafisch an unsere Daten anzupassen versucht haben, den effektiven Daten nicht wirklich gerecht werden kann. Wenn wir mehr Daten verfügbar hätten, wäre zu vermuten, dass die Normalverteilung eine etwas bessere Annäherung ergeben würde.

Immerhin ist es interessant, die beiden normalisierten Gauss'schen Glocken aus der obigen Darstellung herauszuschälen, um sie direkt miteinander zu vergleichen (siehe *Abbildung 4.6*).

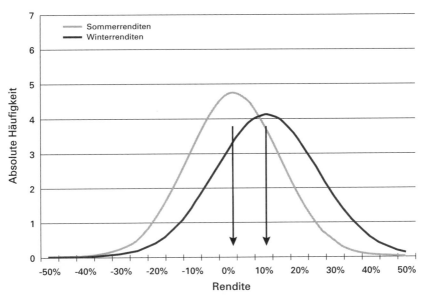

Abb. 4.6: Gauss'sche Normalverteilung der Sommer- und Winterrenditen

Schon rein visuell ist das Ergebnis interessant. Auch wenn die beiden Mittelwerte mit +8,5 Prozent und −0,5 Prozent recht weit auseinander liegen, decken die beiden Normalverteilungen einen recht grossen gemeinsamen Bereich ab. Wir stellen wieder ein ähnliches Phänomen wie bei den Januar- und Oktoberwerten in den Abbildung 4.3 und 4.4 fest. Die Differenz in den durchschnittlichen Renditen von «Sommer- versus Winterportfolio» scheint auf den ersten Blick eklatant. Sobald man aber die Verteilungen der Renditen – d.h. deren Schwankungen – in die Betrachtung miteinbezieht, werden die Ergebnisse weniger beeindruckend. Dies bedeutet, dass eine Anlagestrategie, die auf der Hypothese beruht, dass die Differenz in den Renditen der «Saisonportefeuilles» in den nächsten Jahren wieder im Bereich von 8% liegt, d.h. dem mehr oder weniger zufälligen Durchschnitt der letzten 30 Jahre entspricht, ausgesprochen riskant sein dürfte. Denn die 8% stehen auf ziemlich wackligen Füssen.

Es sei hier aber doch betont, dass eine rein statistische Auswertung der Daten immerhin ergibt, dass die Differenz in den Durchschnitten signifikant ist.[27] Dies ist zumindest interessant und weist darauf hin, dass es sich lohnen könnte, das Phänomen der Sommer- und Winterportfolios noch gründlicher zu untersuchen.

Was ist nun die Lehre aus der Kombination von saisonalen Erscheinungen und Statistik?

Durchschnitte sind, was sie sind: Ein Abbild davon, was sich innerhalb einer bestimmten Periode in der Vergangenheit abgespielt hat. Aber genau gleich wie die Volatilität an den Finanzmärkten generell etwas darüber aussagt, wie «riskant» eine Anlage ist, so hilft die Schwankungsbreite von Daten, die einen Durchschnitt konstituieren, ganz generell etwas über die Qualität des Durchschnittes selbst auszusagen.

Wenn die verschiedenen saisonalen Effekte an den Aktienmärkten – vom Januareffekt, über die vermeintlich extremen Oktobermonate, bis hin zu den Sommer- und Winteranomalien – nur darauf zurückzuführen sind, dass wir innerhalb der jeweiligen Renditeverteilungen vereinzelt Ausreisser antreffen (oder auch nicht), dann sind sie wahrscheinlich nicht viel wert. Und man sollte folglich mit Begriffen wie Irrationalität, Ineffizienz oder Marktunvollkommenheit etwas vorsichtiger umgehen, als dies in letzter Zeit gelegentlich geschieht. Auch Anlageprodukten die auf solchen «Anomalien» beruhen, sollte man mit Vorsicht begegnen.

---

27 Technisch ausgedrückt folgt die Differenz in den Durchschnitten unter bestimmten Annahmen einer so genannten t-Verteilung. Dies ermöglicht statistische Signifikanztests.

Fundamentale Anomalien

Saisonale oder sonstige eher technisch orientierte Anomalien sind das eine, Anomalien, die auf fundamentalen Fehlbewertungen basieren, aber etwas ganz anderes. Die empirische Forschung hat eine ganze Reihe von mehr oder weniger systematisch auftretenden Bewertungsanomalien identifiziert, die in der Vergangenheit in profitable Handelsstrategien umgesetzt werden konnten.

Ähnlich wie wir dies bereits oben bei den saisonalen Mustern gesehen haben, können aber für einige dieser «Anomalien» durchaus rationale Erklärung gefunden werden.

Immerhin kennt man aber eine Reihe von auf solchen Spezialeffekten basierende Handelsstrategien, die interessante Ergebnisse liefern. Die wichtigsten, die auch in der Fachliteratur ernst genommen werden, sind die Substanz- versus Wachstumsstrategie (Value versus Growth) und der so genannte Small-Cap-Effekt. Wir wollen diese beiden Effekte in der Folge kurz skizzieren.

Glamour versus Aschenputtel

Umfangreiche empirische Untersuchungen zeigen, dass so genannte Value-Strategien über lange Zeiträume eine höhere durchschnittliche Rendite erbringen als Growth-Strategien. Solche Anlagestrategien basieren auf einer Reihe von Finanzkennzahlen, die für einzelne Firmen erhoben werden.

Eine Value-Strategie ist ein Anlageverhalten, bei welchem in Aktien mit hohen Dividendenrenditen (Dividende/Kurs) aber tiefen KGVs (Kurs/Gewinn bzw. Price/Earnings Ratios, jeweils pro Aktie) und tiefen Preis-zu-Buchwert-Verhältnissen investiert wird. Nicht selten sind dies just jene Aktien, die man landläufig für etwas langweilig hält.

Dagegen investiert man bei einer Growth-Strategie vornehmlich in Aktien mit tiefen Dividenden, hohen KGVs und hohen Preis-zu-Buch-Verhältnissen. Solche Firmen sind oft relativ jung und weisen ein hohes Wachstum in den Gewinnen (bzw. den *erwarteten* Gewinnen) und/oder ein hohes Wachstum des Cash-flows auf. Und ebendiese Unternehmen werden üblicherweise als besonders attraktiv und glamourös betrachtet.

Wenn man die Performance dieser beiden Aktienkategorien historisch miteinander vergleicht, findet sich in vielen Fällen ein erstaunliches Ergebnis. Die vermeintlich attraktiven Wachstumstitel, die oft auch in besonders glamourösen Segmenten des Aktienmarktes zu Hause sind (z.B. Medizinal-, Bio-, Nano- und sonstige -technologie), unterliegen längerfristig den angeblich langweiligen Substanzwerten bei weitem.

Die Abbildung 4.7 stellt eine Zusammenfassung der Forschungsergebnisse im oben bereits zitierten Buch von DIMSON, MARSH und STAUNTON dar. Sie untersuchten eine breite internationale Evidenz zum Renditeunterschied von Wachstums- versus Substanztiteln und gehen detailliert auf die in den einzelnen Ländern vorgenommenen Untersuchungen ein und rechnen sie anhand ihres eigenen Datensets nach.

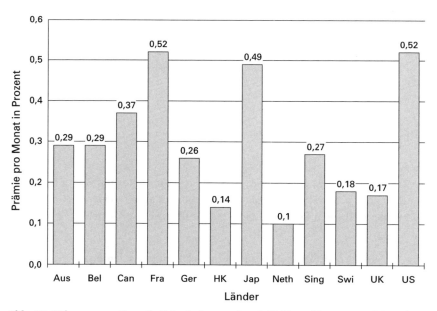

Abb. 4.7: Value- versus Growth-Prämie; internationale Evidenz (Prozent pro Monat)

Die Ergebnisse scheinen deutlich. Liegt doch über alle Länder die Value/Growth-Prämie bei erstaunlichen 0,26 Prozent pro Monat oder jährlichen 3,2 Prozent. Wir haben im ersten Kapitel gesehen, was eine Differenz von 3,2 Prozent p.a. mit Zins und Zinseszins über eine lange Anlagedauer bedeuten kann!

Nun ist aber leider kurz- und mittelfristig auch diese Geschichte keine Einbahnstrasse. DIMSON, MARSH und STAUNTON haben sich bewusst auf die länderspezifische Forschung konzentriert und die in jedem Land jeweils ersten wissenschaftlichen Arbeiten zu den Value/Growth-Prämien analysiert und nachgerechnet. Dies deswegen, weil sie an der Frage interessiert waren, wie sich die Prämie nach deren Publikation in den Ländern entwickelt hat, d.h. nachdem die bessere Rendite der Substanz- gegenüber den Wachstumstiteln «Public Knowledge» wurde. *Abbildung 4.8* zeigt die Ergebnisse.

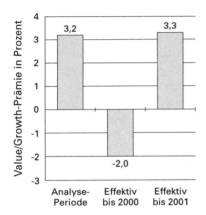

Abb. 4.8: Value versus Growth; von der Analyse zur Realität

Der erste Balken enthält die durchschnittliche Value/Growth-Prämie, wie sie sich über die unterschiedlichen Forschungs- und Analyseperioden für alle Länder aus Abbildung 4.7 ergeben hat, also die oben erwähnten 3,2 Prozent. Der zweite Balken zeigt, wie sich diese Prämie im Durchschnitt der Länder von der Publikation der Studien bis Anfang 2000 entwickelt hat. Offensichtlich hat sich der Effekt mit dem Dot.com Bubble in der zweiten Hälfte der 90er-Jahre umgedreht. Der dritte Balken schliesslich zeigt den Effekt der «geplatzten Blase» seit Anfang 2000. Die Prämie scheint sich wieder aufzubauen – die Frage ist nur, für wie lange. Tatsache bleibt, dass sie relativ volatil ist.

Die Ergebnisse sind deutlich aber auch ernüchternd. Sie besagen, dass die vermeintliche Überlegenheit der Substanzwerte ein stark zyklisches Element enthält. Wir haben längere Zeitperioden erlebt, in denen die Wachstumstitel die Substanzstrategie weit hinter sich gelassen haben, was manchem «Substanzanhänger» den Kopf gekostet hat – die Dot.Com-Blase in der zweiten Hälfte der 90er-Jahre lässt grüssen. Aber auch andere Phasen, in denen sich der Effekt in sein Gegenteil verwandelt hat, sind uns begegnet.

Immerhin scheint sich jedoch in der Vergangenheit für den langfristigen Investor eine Überlegenheit der Substanz- gegenüber den Wachstumswerten ergeben zu haben. Dies mag auf eine gewisse Ineffizienz im langfristigen Bereich hinweisen – so wie wir sie schon bei den Abweichungen von den fundamentalen Bewertungen gefunden haben.

In der entsprechenden Literatur werden vor allem zwei Begründungen für dieses Phänomen genannt. Die eine basiert wiederum auf psychologischen (oder eben Behavioural Finance) Momenten und die zweite geht davon aus, dass Substanztitel ein grösseres firmenspezifisches Risiko darstellen, das mit einer zusätzlichen Rendite abgegolten wird, oder mit anderen Worten, dass die Mehrrendite der Substanzportfolios nichts anderes ist, als eine Risikoprämie. Wir werden auf diesen Aspekt zurückkommen.

Interessant ist aber die verhaltenstheoretische Erklärung, denn sie basiert wiederum auf einer Überlegung, die wir oben bei der Erklärung der kurzfristigen Abweichungen von den fundamentalen Gleichgewichten schon einmal angetroffen haben. Analysten und Investoren haben möglicherweise die Tendenz, überdurchschnittliches Gewinnwachstum allzu lange in die Zukunft zu extrapolieren. Üblicherweise ist nämlich damit zu rechnen, dass auch die Gewinnentwicklung der Untenehmen eine «Tendenz zum Mittelwert» zeigt (so genannte Mean Reversion in den Wachstumserwartungen). Es kann ja nicht einfach jedes Wachstumsunternehmen systematisch stärker wachsen als der Gesamtmarkt. Umgekehrt kann kein Unternehmen längerfristig ein negatives Wachstum aufweisen, da es sonst entweder vom Markt verschwindet – das ist im Übrigen genau der Aspekt des firmenspezifischen Risikos, den wir oben erwähnen – oder «saniert» wird. In letzterem Fall wird aber die Gewinnwachstumsrate anschliessend wieder ansteigen und sich dem Durchschnitt von unten her annähern.

Nun ist aber natürlich die Nachfrage nach den Unternehmen, die besonders hohe Gewinnzuwachsraten aufweisen, besonders hoch. Dies sind ja üblicherweise auch die «Glamour-Titel» an den jeweiligen Märkten. Entsprechend teuer sind deren Aktien. Die Substanzwerte hingegen sind relativ billig, weil sie «niemand haben will». Wenn aber die hohen Wachstumserwartungen der «Glamour-Aktien» allzu weit in die Zukunft extrapoliert werden, sind Wachstumstitel in vielen Fällen nicht nur teuer, sondern systematisch überbewertet. Genau das Gegenteil gilt für die Substanzwerte, die im Vergleich eher zu billig sind, da auch deren geringes Wachstum in die Zukunft extrapoliert wird. Wenn sich aber beide Wachstumsraten dem längerfristigen Durchschnittswert angleichen, könnte dies zu einer systematischen Fehleinschätzung führen. Dann würden die teuren Wachstumswerte in der Zukunft eher Gewinnenttäuschungen und die Substanzwerte eher Gewinnüberraschungen produzieren; entsprechend dürften die Substanzwerte die Wachstumswerte bezüglich Performance übertrumpfen.

LAKONISHOK, SHLEIFER und VISHNY sind diesem Effekt nachgegangen.[28] Sie haben über eine Periode von zwanzig Jahren alle an der New York Stock Exchange und an der American Exchange gehandelten Aktien nach einem speziellen Mechanismus sortiert und in Growth- und Value-Portfolios unterteilt. Dabei haben sie die Wachstumsraten der Gewinne und der Cash-flows ihrer Value- und Growth-Portfolios (zusammengestellt auf Basis der Preis/Buchwerte) jeweils fünf Jahre vor und nach der Portfoliobildung analysiert. *Abbildung 4.9* enthält die Ergebnisse.

Der Punkt «Growth» zeigt im linken Segment die durchschnittliche Gewinnwachstumsrate derjenigen Titel, die sich bei der Portfoliobildung im Growth-Portfolio befanden und im rechten Segment das Gewinnwachstum derselben Titel über die folgenden fünf Jahre. Das gleiche für die Substanzwerte: «Value» zeigt links deren durchschnittliches Gewinnwachstum über fünf Jahre vor der Portfoliobildung und auf der rechten Seite das durchschnittliche Gewinnwachstum in den darauf folgenden fünf Jahren.

In den fünf Jahren *vor* Portfoliobildung wuchsen die operativen Gewinne der Wachstumstitel um durchschnittlich dreissig Prozent per annum und jene im Value-Portfolio sanken um fast dreissig Prozent. Nachdem das Portfolio einmal positioniert war, um von der Value/Growth-Prämie zu profitieren, nähern sich die Gewinnwachstumsraten

---

28 LAKONISHOK, J./SHLEIFER, A./VISHNY, R., Contrarian Investment, Extrapolation and Risk, Journal of Finance, Vol. 45, 1994.

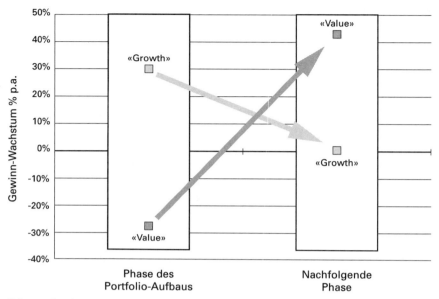

Abb. 4.9: Gewinnerwartungen; vom Mythos zur Realität

kontinuierlich wieder einem Durchschnitt an – die einen von unten, die anderen von oben. Die Unternehmen im Growth-Portfolio weisen einen signifikanten Rückgang in den Bereich von unter fünf Prozent auf. Die vorhergehenden Verlierer sind dagegen wohl häufig saniert worden, denn deren Gewinne wuchsen um fast 45 Prozent per annum. Da die Wachstumswerte vorher aufgrund der Gewinnextrapolationen (zu) hoch bewertet waren, hatten die Märkte anschliessend nichts als Enttäuschungen zu verkraften, was die Kapitalisierung reduziert haben dürfte. Ganz anders im Value-Portfolio, dessen Titel permanent Gewinnüberraschungen und damit Höherbewertungen produziert haben.

Solche nicht nur theoretischen Überlegungen weisen darauf hin, dass die permanente *Überschätzung* des Gewinnwachstums bei Growth- (oder eben Glamour-) Titeln und die *Unterschätzung* der Gewinndynamik bei Substanzwerten in vielen Fällen für die bessere Performance von Substanz- versus Wachstumsportfolios verantwortlich zeichnen könnte. Ein glamouröser Titel ist halt oft gerade deswegen glamourös, weil er schon viel zu teuer gehandelt wird.

David und Goliath

Die wahrscheinlich populärste «Anomalie», die man an den Aktienmärkten antrifft, ist der so genannte «Size Effect», der oft auch als «Small Cap Effect» bezeichnet wird. Dabei geht es um die empirische Beobachtung, dass die Aktien kleiner Unternehmen langfristig eine bessere Rendite aufzuweisen scheinen als Titel grosskapitalisierter Firmen. Wie in den meisten Fällen wurde auch dieser Effekt zunächst in den USA identifiziert. Wenn man die US-Aktien beispielsweise von 1926 bis 2001 mit ihrer p.a. Rendite von etwas über elf Prozent auf die grossen und die kleinen Unternehmen aufteilt, lässt sich erkennen, dass die ganz kleinen Firmen (Micro Caps) über zwölf Prozent rentieren, die kleinen Firmen (Small Caps) knapp zwölf Prozent erbringen und die Grossen (Large Caps) etwas über zehn. Dieser Unterschied bleibt auch bestehen, wenn man die Werte risikobereinigt. Wiederum hat auch dieser Effekt weltweit eine grosse Forschungstätigkeit ausgelöst, weil man mit der gezielten Ausnutzung solcher Effekte letztlich ja Geld verdienen kann. In der Tat haben die Ergebnisse in fast allen Ländern einen solchen Small Cap Effect gezeigt. Die Kleinen schienen systematisch besser zu rentieren als die Grossen. Begründungen hierfür waren rasch gefunden. Sie gingen von höherer Intransparenz über Datenprobleme bis hin zu Prämien für Illiquidität. Für die Praktiker spielen diese Erklärungen aber keine Rolle, denn die zusätzlichen Renditen waren in den meisten Ländern gross genug, um Produktlancierungen zu rechtfertigen.

Abbildung 4.10 gibt einen Hinweis auf die Grössenordnung des Small-Cap-Effektes für eine Auswahl von Ländern. Der Ansatz ist hier wieder der gleiche wie oben. Wir zeigen den Effekt für die jeweils erste Publikation im jeweiligen Land.[29]

Die Small-Cap-Prämie ist recht systematisch. Man konnte also tatsächlich mit Kleinen mehr verdienen als mit Grossen.

Aber auch hier läuft es wieder nach gleichem Muster ab wie bei der Value/Growth-Prämie. Wenn alle vom Effekt wissen und genügend Anlagevehikel emittiert sind, um mit dem Effekt zu «spielen», verschwindet er. Die Nachfrage nach den kleinkapitalisierten Werten wird immer grösser und die Titel selbst machen einen Bewertungssprung, bis

---

29 Gemäss DIMSON/MARSH/STAUNTON (siehe Fussnote 3).

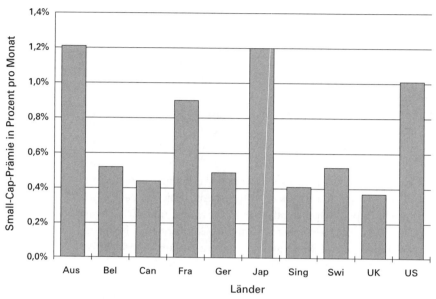
Abb. 4.10: Small-Cap-Effekt im internationalen Kontext

sie am Ende überbewertet sind und folglich nur mehr enttäuschen können. Die *Abbildung 4.11* illustriert dies anschaulich.

Die schwarzen Balken zeigen den Small-Cap-Effekt aus Abbildung 4.10 und die grauen Balken zeigen die durchschnittlichen Small-Cap-Prämien, wie sie zwischen der Veröffentlichung der Forschungsergebnisse bis Ende 2001 von DIMSON/MARSH/STAUNTON errechnet wurden. Auch hier gilt: Sobald die Ergebnisse «Public Knowledge» werden, dreht sich der Effekt um.

Ganz grundsätzlich lässt sich zum Small-Cap-Effekt sagen, dass er sehr langfristig wohl eine gewisse Systematik hat, sich aber selbst relativ volatil verhält. Wie viele der oben besprochenen Effekte kommt er von Zeit zu Zeit in Mode, um bereits wenig später nur mehr ein Mythos zu sein.

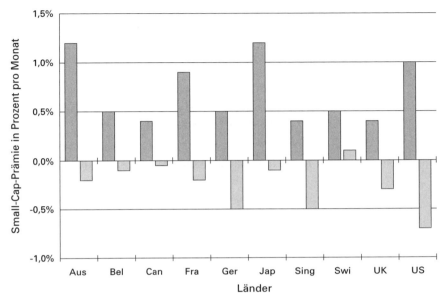

Abb. 4.11: Small-Cap-Effekt; vom Mythos zur Realität

Zwischenbilanz

«Sell in May and go away» sowie andere Börsenregeln und -mythen, die den Untersuchungsgegenstand des vierten Kapitels bilden, gründen auf unterschiedlichsten saisonalen Mustern aber zum Teil auch auf fundamentalen Fehlbewertungen, mit denen immer wieder versucht wird, gewisse Messlatten zu schlagen oder bestimmte Produkte zu verkaufen. Die Analysen auf den vorangehenden Seiten zeigen, dass ein Teil dieser vermuteten Ineffizienzen nicht selten statistische Artefakte sind oder bloss in mehr oder weniger zyklischer Manier auftauchen, um kurz darauf wieder zu verschwinden. Solche Effekte können daher kaum die Basis einer vernünftigen langfristigen Anlagestrategie sein.

Die in den letzten Kapiteln gezogenen Schlüsse und die zumindest implizit enthaltenen Verhaltensmaximen des langfristigen, relativ passiven aber dafür umso disziplinierteren Anlegens klingen einfach und einleuchtend. Sie sind aber nicht trivial. Zu gross sind die Versuchungen, bestimmten Ideen und Moden zu folgen und sich von den zahlreichen Marketingbroschüren oder auch den eigenen Emotionen und Träumen wegtragen zu lassen. Zu sehr führen einzelne, sich immer wieder einstellende Erfolge und die emotional unterschiedliche Bewertung von Erfolg und Misserfolg («Mentales Accounting») dazu, die realen Verhältnisse an den Märkten sowie deren Effizienz aus den Augen zu verlieren.

Deswegen lauten die Schlussfolgerungen aus den Überlegungen der letzten Kapitel, im Sinne einer Zwischenbilanz für diejenigen Anleger, die sich für eine systematische Anlagestrategie in Aktien entschieden haben, etwa wie folgt:

- Ein langer Anlagehorizont, um sich die kurzfristige Volatilität leisten zu können. Wer nicht für die zehn Jahre, die wir als «langfristigen Horizont» identifizieren, investieren kann, sollte keine Aktien kaufen.

- Ein starker Magen, guter Schlaf und vernünftige Buchführungskonzepte, um die kurzfristigen Schwankungen auszuhalten. Die Hoffnung, die Schwankungsbreiten würden in der Zukunft kleiner werden als sie in der Vergangenheit waren, ist absurd. Die leicht höhere Rendite von Aktien gegenüber Renten wird sich auch in der Zukunft einstellen, wird aber weiterhin erlitten werden müssen.

- Eine Strategie des Kaufens-und-Haltens (Buy-and-Hold) ist kurzfristigem Aktivismus vorzuziehen, weil Timing und das Setzen auf irgendwelche Phantasiewetten nur einen Haufen Geld kostet und im Zweifelsfall nichts bringt.

- Eine breite Diversifikation – am besten mit Indexprodukten –, um unsystematische Risiken zu vermeiden, für die man im Normalfall nicht durch zusätzliche Erträge belohnt wird.

Bei disziplinierter Einsetzung dieser Prinzipien sollte es gelingen, nach ein paar Jahren einen Vermögensertrag zu erarbeiten, der unseren längerfristigen Ertragserwartungen entspricht, die leicht unter den historischen Durchschnitten liegen. Im Übrigen wäre dies eine Strategie, um die man sich nicht täglich zu kümmern hätte. Einmal aufgebaute Positionen belässt man, wenn sich nicht wesentliche strategische Elemente verändern, und Änderungen nimmt man erst dann vor, wenn zusätzliche Gelder angelegt werden müssen.

5. Kapitel
Welche Aktien kaufen?
Ein Eintopf mit vielen Zutaten

Diversifikation, Diversifikation, Diversifikation

Nachdem wir in den vorhergehenden Kapiteln vor allem auf der Ebene von Aktienindizes argumentiert haben, wollen wir in diesem Kapitel der Frage nachgehen, welche Einzeltitel in ein vernünftiges Aktienportfolio gehören. Auf diese Frage haben natürlich die einschlägigen Medien und die Wertschriftenhäuser in grosser Zahl Antworten bereit. Man muss sich nur die unzähligen Kauflisten, «Hot Stocks», «Winner Lists» etc. ansehen, die allenthalben herumgereicht werden. Jede Tages- oder Wochenzeitung verfügt heute über irgendeine Anlagekolumne, in welcher der «Anlageonkel» seine Weisheiten zu einzelnen Dividendenwerten verkündet. Wem das alles nicht genügt, dem steht immer noch die Börsensendung der ARD vor der 20-Uhr-Tagesschau oder ähnliche Gefässe zur Verfügung, um ein «tagesaktuelles» Portfolio zusammenzustellen.

Leider wird der interessierte Anleger aber bald einmal feststellen, dass die in den verschiedenen Medien an einem Tag empfohlenen Titel sehr schnell wechseln und die Argumente für oder gegen eine Aktie oft schon veraltet sind, bevor die Druckerschwärze trocken ist. Im Übrigen haben wir ja inzwischen gelernt, dass es die allzeit richtigen «heissen Tipps» nicht gibt, weder in der Tageszeitung, der ARD, SF DRS, im ORF noch sonst irgendwo.

Welche spezifischen Aktien sind es nun aber, auf die man sich konzentrieren sollte? Doch wohl die mit den soliden Finanzkennzahlen, der sauberen Corporate Governance, einer vernünftigen Produktepalette und einem Firmenimage, das ohne Fehl und Tadel ist.

Im Prinzip ja.

Aber bei der Zusammenstellung eines Aktienportfolios steht trotz alledem an erster Stelle immer das Prinzip der Diversifikation. Die *Abbildung 5.1* soll dies illustrieren und auch den entsprechenden Hintergrund beleuchten.

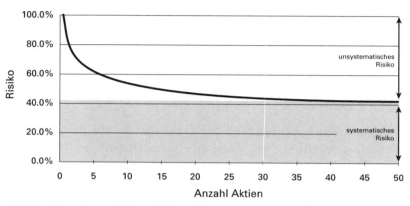

Abb. 5.1: Schwankungsrisiko und Diversifikation

Auf der vertikalen Achse der Abbildung 5.1 findet sich das Schwankungsrisiko eines Aktienportfolios und auf der horizontalen steht die Anzahl Einzelaktien, aus welchen das entsprechende Portfolio besteht. Die schwarze Kurve illustriert, dass das Schwankungsrisiko des Portfolios umso kleiner wird, je mehr unterschiedliche Aktien es enthält. Bei zwanzig bis dreissig verschiedenen Titeln reduziert sich das Risiko in etwa auf das Risiko des Aktienindexes – mit dem wir bisher prinzipiell argumentiert hatten.

Schwankungsrisiken bis hin zum Indexrisiko werden in der Anlageliteratur als *systematische* Risiken bezeichnet; diejenigen Risiken, die darüber hinausgehen, als *unsystematisch* (oder *titelspezifisch*). Diese Unterscheidung ist deswegen von Bedeutung, weil man im Rahmen finanztheoretischer Untersuchungen nachweisen konnte, dass in der Portfoliopraxis nur gerade die systematischen Risiken durch höhere (erwartete) Erträge belohnt werden, nicht aber die unsystematischen.[30] Mit anderen Worten: Unsystematische Risiken, die sich aufgrund unge-

---

30 Vgl. für viele z.B. die Arbeiten von WILLIAM SHARPE (z.B. sein Buch *Investments*, das bei Prentice-Hall erschienen ist). SHARPE hat nicht zuletzt für diese Arbeiten einen Nobelpreis für Wirtschaftswissenschaften erhalten.

nügender Diversifikation ergeben – wenn man zum Beispiel nur drei oder vier unterschiedliche Titel in seinem Aktienportfolio hält –, erhöhen die Schwankungsbreite des Portfolios, werden im Normalfall aber nicht durch höhere Erträge abgegolten. Sie lohnen sich also nicht.

Dies kann dramatische Konsequenzen haben – nicht zuletzt für kleinere oder mittlere Portfolios oder Vermögen. Die Grafik zeigt, dass eine vernünftige Diversifikation – sprich: die Reduktion des unsystematischen Risikos – erst ab einer Titelanzahl von zwanzig oder mehr erreicht wird. Nun werden aber in verschiedenen Ländern noch immer relativ schwere Titel gehandelt (Aktien, die pro Stück relativ teuer sind) und Käufe kleiner Stückzahlen werden oft durch hohe Kommissionssätze bestraft. Dies führt dazu, dass in vielen Fällen gerade Kleinanleger bei der Direktinvestition in Aktien die grössten – sprich: unsystematische – Risiken eingehen. Die Volatilität, die sich bei solchen Portfolios ergibt, produziert dann aber völlig andere Zeithorizonteffekte, als wir sie beispielsweise in Abbildung 1.13 im ersten Kapitel gezeigt haben. Der «lange Anlagehorizont», den wir aus Abbildung 1.13 im ersten Kapitel mit etwa zehn Jahren abgegrenzt haben, kann sich dann leicht verdoppeln oder sogar verdreifachen.

Dies führt zur Erkenntnis, dass jeder Aktieninvestor zunächst einmal eine möglichst breite Diversifikation anstreben sollte, um das unsystematische Risiko aus seinem Portfolio zu eliminieren. Tatsächlich gehört das Eingehen unsystematischer Risiken mit zu den häufigsten aber zugleich unnötigsten Fehlern der Kapitalanlage.

Natürlich ist diese Aussage weder originell, neu noch besonders aufregend. Dies ändert aber nichts an der Tatsache, dass sich so mancher Aktieninvestor während der Korrekturen in den Jahren 2000 bis 2003 gewundert hat, wie unverhältnismässig viel Geld er mit seinen «wunderbaren Bluechips» verloren hat. Die Tabelle 5.1 gibt einen Hinweis darauf, was Investoren erlebt haben dürften, die die «Diversifikations-Story» nie recht glauben wollten oder sie schlicht für ein wenig langweilig hielten. Nicht wenige haben ihre Lektion inzwischen schmerzhaft gelernt.

Die Erkenntnis, dass ein breit diversifiziertes Portefeuille kleinere Risiken aufweist, als die Einzeltitel oder ein schlecht diversifiziertes Portfolio, lässt sich auch anhand einer empirisch berechneten Risiko/Ertrags-Darstellung der einzelnen Dividendenwerte illustrieren. *Abbildung 5.2*

Schweiz	Veränderung in %
SMI (Vergleichsindex)	−50
ABB	−93
Clariant	−79
Zürich FS	−85
Credit Suisse	−67
Kudelski	−91

Deutschland	Veränderung in %
DAX (Vergleichsindex)	−65
Deutsche Telekom	−83
Allianz	−88
Hypo Vereinsbank	−90
TUI	−74
NEMAX (New Market)	−94

Tab. 5.1: Auswahl Schweizer und Deutscher «Verlierer» unter den «Bluechips» (Deutschland von Mitte 2000 bis März 2003, Schweiz von Ende 2000 bis März 2003)

zeigt die p.a. Risiko/Ertrags-Kennzahlen für die DAX Titel von 1990 bis Ende 2003 und die gleiche Kennzahl für den DAX selbst, also das breit diversifizierte Portfolio.[31]

Zwei Aspekte gehen klar aus der Grafik hervor. Zum einen ist der DAX – also das am breitesten diversifizierte Portfolio – derjenige «Titel» mit dem kleinsten Risiko. Und zum zweiten scheint *keine positive Beziehung* zwischen historischem Risiko und historischem Ertrag zu existieren. Die grösseren Risiken auf der rechten Seite des DAX werden also nicht systematisch durch höhere Erträge abgegolten. Ein interessantes Phänomen. Im täglichen Leben würde niemand grössere Risiken eingehen,

---

31 Wir haben Infineon aus der Grafik eliminiert, weil der Titel mit einer p.a. Rendite von -39% und einer Volatilität von 70% die Grafik verzerrt hätte.

5. Kapitel: Welche Aktien kaufen?

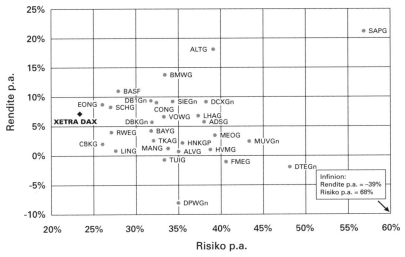

Abb. 5.2: Risiko und Ertrag der Einzeltitel sowie des Indexes (DAX) am Deutschen Aktienmarkt (1991 bis 2003)

ohne dafür – in welcher Form auch immer – einen höheren Ertrag erwarten zu können. In der Geldanlage tun die Leute dies aber laufend.

Abbildung 5.3 zeigt die gleichen Zusammenhänge für den Schweizer Aktienmarkt.[32]

Die Aussagen sind weitestgehend dieselben. Gleiches lässt sich auch über den Dow Jones sagen und die Titel, die ihn konstituieren, wie *Abbildung 5.4* zeigt.

Dies alles macht deutlich, wie riskant es sein kann, ein Aktienportfolio über Einzeltitel aufzubauen. Das Sicherste ist, das Portfolio zunächst über einen Index oder eine in der Nähe des Indexes investierende Kollektivanlage aufzubauen – also beispielsweise einen lokalen Aktienfonds – und diesem dann bestimmte Einzeltitel beizumischen, bei denen man ein besonders gutes «Gefühl» hat. Wobei wir noch einmal explizit darauf aufmerksam machen wollen, dass natürlich «Sicherheit» relativ zu verstehen ist. Wir haben gelernt, wie gross die historische Schwankungsbreite der Indizes ist und auch bleiben wird, und müssen

---

32 Hier haben wir Kudelski mit einer p.a. Rendite von 34% und einer Volatilität von 83% wegen der Verzerrungen eliminiert.

110   5. Kapitel: Welche Aktien kaufen?

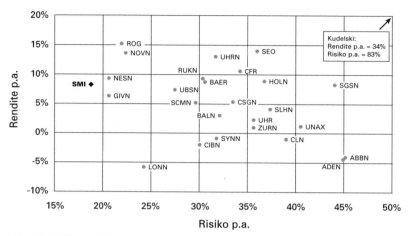

Abb. 5.3: Risiko und Ertrag am Schweizer Aktienmarkt (1990 bis 2003)

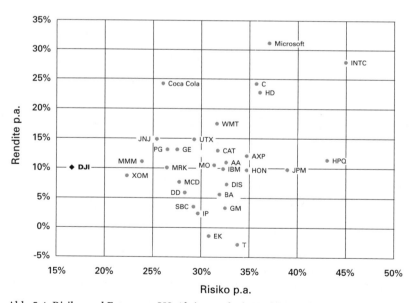

Abb. 5.4: Risiko und Ertrag am US-Aktienmarkt (1990 bis 2003)

erkennen, dass die Schwankungsbreite aller Einzeltitel (auch der «Schönsten»!) im Normalfall noch wesentlich grösser ist.

Dieses Anlagekonzept bringt uns wiederum in die Nähe der oben bereits propagierten «Core/Satelite-Philosophie»: Aufbau eines Kernportfolios, das im Index investiert ist (oder sich zumindest ähnlich wie der Index zusammensetzt) und ringsherum eine Anzahl von Einzelaktien (vermeintlichen Opportunitäten), mit denen man versucht, den Index renditemässig zu übertreffen. Auch hier gilt: Wenn man mit den «Stock Picks» richtig liegt, ist das Gesamtportfolio besser als die Messlatte (der Index), und wenn nicht, hat man wenigstens nicht allzu einseitig «gewettet» und der Kern des Portfolios liegt bei der Indexrendite.

Die Anbieter von Anlageprodukten haben in den letzten Jahren natürlich auf diese theoretischen Erkenntnisse reagiert und in grösstem Stil alle möglichen Kollektivanlagen emittiert und empfohlen. Die Angebotspalette reicht von aktiven Publikumsfonds, über Indexfonds, synthetische Indexprodukte (z.B. so genannten ETFs = Exchange Traded Funds, SPIDERs oder wie auch immer die strukturierten Indexfonds genannt werden) bis zu Beteilungsgesellschaften. Alle diese Produkte weisen in die richtige Richtung: die systematische Diversifikation. Ob man sich dabei eher an indexierte Produkte anlehnen will oder an aktive Fonds, ist eine Frage des Vertrauens in die Fähigkeiten der Manager und der zu bezahlenden Gebühren. Auf die Gebühren werden wir später noch einmal zurückkommen. Die Fähigkeiten haben wir im dritten Kapitel bereits kritisch beleuchtet. Im Zweifelsfalle bietet wohl ein Indexinstrument die beste Startposition.

Wie auch immer: Die entscheidende Einsicht besteht darin, dass eine Kollektivanlage das einzige Anlageinstrument ist, das es einem kleinen bis mittleren Vermögen – und die Aussage gilt durchaus auch für Millionenvermögen – erlaubt, auf vernünftige Art und Weise unsystematische Risiken zu vermeiden. Nur mit solchen Anlagen kann man damit rechnen, die von uns dargestellten historischen Renditen auch nur annähernd zu erreichen.

Für den Anleger in Kollektivanlagen entstehen neben der systematischen Diversifikation noch weitere Vorteile. So muss er zum Beispiel nicht mehr alle Unternehmensmeldungen und -studien nach irgendwelchen «Perlen» durchforsten. Er hat im Prinzip ein «Outsourcing» seiner Vermögensverwaltung vorgenommen, was ihm mehr Zeit für andere Tätigkeiten lässt. Im Übrigen spart er damit wahrscheinlich einiges an Kommissionen, was sich letztlich auch auf seine Performance auswirkt.

Die Vielzahl der in den letzten Jahren entstandenen Kollektivanlagen stellt den Investor vor ein riesiges Auswahlproblem. Die Medien sind jeden Tag voll von wiederum neu entstandenen Vehikeln. Aber auch hier gilt es, sich eben nicht immer in die gerade neueste Mode zu «vergucken» und nicht jede Grafik, die eine bis dato gute Performance zeigt, einfach unbesehen in die Zukunft zu extrapolieren. Wenn die Märkte einen vernünftigen Grad an Effizienz aufweisen – und die vorausgehenden Kapitel weisen darauf hin – dann wird zusätzliche Rendite vor allem durch zusätzliches Risiko erkauft.

Internationale Diversifikation

Wenn in den Abbildungen 5.2 bis 5.4 die jeweiligen Indizes diejenigen Anlagen mit dem geringsten Schwankungsrisiken sind, dann ist dies natürlich kein Zufall, sondern darauf zurückzuführen, dass die Kurse der einzelnen Dividendenpapiere keinen Gleichlauf aufweisen. Technisch ausgedrückt: Die Erträge der einzelnen Aktien sind nicht perfekt korreliert. Das heisst, man kann auch analytisch nachweisen, dass die Ergebnisse in etwa denen der obigen Abbildungen entsprechen müssen.[33]

Nun haben wir uns bisher ausschliesslich auf einheimische Aktien konzentriert. Wir haben zwar neben dem US-Markt die Schweiz, Deutschland und eine Reihe anderer Länder mit in unsere Überlegungen einbezogen, dies aber eigentlich nur um aufzuzeigen, dass die Grundsätze, die wir für den heimischen Markt aufstellen, in allen anderen Ländern auch gelten. Wenn wir jetzt aber feststellen, dass wir mit zunehmender Diversifikation im Heimmarkt unser Risiko immer weiter bis zu dem des Indexes reduzieren können, dann stellt sich natürlich die Frage, ob wir nicht mit einer weiteren Diversifikation in ausländische Dividenden-

---

33 Die Details können in den entsprechenden Lehrbüchern nachgelesen werden. Eine vereinfachte Version findet sich bei HERI, Was Anleger auch noch wissen sollten (siehe Fussnote 7).

werte unser Anlagerisiko noch weiter senken können. Diese Überlegungen sind korrekt und sie sind umso richtiger, als mit dem Übergang zum Euro ein wesentlicher Hemmschuh für viele Anleger – die Wechselkursschwankung – etwas an Schrecken verloren hat.

Die Protagonisten der Theorie der internationalen Diversifikation machen darauf aufmerksam, dass sich die Schwankungsbreiten von nationalen Aktienportfolios durch eine systematische internationale Diversifizierung noch einmal reduzieren lassen.[34] Die *Abbildung 5.5* illustriert dies anschaulich.

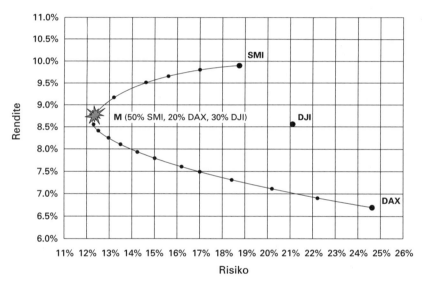

Abb. 5.5: Risikoreduktion durch internationale Diversifikation

Wir stellen die Risiko/Ertrags-Charakteristika für den Amerikanischen (DJI), den Deutschen (DAX) und den Schweizer Aktienmarkt (SMI) wiederum über die Zeitperiode von 1990 bis 2003 dar und zwar für einen Schweizer Investor in Schweizer Franken. Daneben berechnen wir die Eigenschaften von gemischten Portfolios, die nun mit unterschiedlichen Gewichten in den verschiedenen Märkten investiert sind. Die gemischten Portfolios befinden sich auf der durchgezogenen Kurve.

---

34 Das Standardwerk hierzu ist: SOLNIK, B., International Investments, Addison-Wesley, Reading u.a. 1988.

Offensichtlich gibt es gemischte Portfolios, die sich in einem geringeren Schwankungsbereich bewegen als jeder einzelne Index, aber teilweise die gleiche oder gar höhere Rendite abwerfen. Das Portfolio mit dem geringsten Risiko – wir nennen es in der obigen Abbildung M – wäre in der spezifischen Periode für den Schweizer Investor mit 50% in der Schweiz, 30% im DAX und 20% in den USA investiert gewesen. Die Ergebnisse wären für den Deutschen Investor in Euro qualitativ ähnlich.

Wäre dies auch ein ideales Ausgangsportfolio für die nächsten Jahrzehnte? Vielleicht. Das ist aber an sich gar nicht der wesentliche Punkt, denn diese Optima sind selbst relativ volatil und von einer Reihe von Annahmen abhängig, die wir hier nicht zu diskutieren brauchen. Die entscheidende Erkenntnis ist, dass es – zumindest aus Risikoüberlegungen – offensichtlich Sinn macht, bei der Aktienanlage nicht nur die heimischen Werte zu berücksichtigen, sondern auch internationale.

Wichtig ist auch, dass wir bei der obigen Darstellung in jedem einzelnen Land wiederum vollständig diversifiziert sind (wir betrachten ja die Indizes). Das heisst, wir gehen keine unsystematischen Risiken ein. Natürlich ist dieser Aspekt bei der internationalen Diversifikation eher noch wichtiger wie im Heimmarkt selbst, denn im Zweifelsfall kennen wir die ausländischen Dividendenpapiere noch viel weniger als die heimischen.

Wir stellen bei der internationalen Diversifikation von Portfolios eine Tendenz fest, der wir bei verschiedenen Anomalien im vierten Kapitel auch schon begegnet sind: Je mehr sich das Wissen um die Zusammenhänge herumspricht, desto weniger ist es von Bedeutung. Die Vorteile der Diversifikation stammen ja ursprünglich daher, dass in den unterschiedlichen Ländern die Märkte nicht immer synchron laufen. Der Konjunkturzyklus läuft verschieden, die Zinsentwicklungen sind unterschiedlich etc.; und all das hat einen Einfluss auf die Aktienbewertungen. Je mehr die Investoren nun aber beginnen, eine internationale Diversifikationsstrategie zu fahren, desto grösser wird der Gleichlauf der Märkte – die Anleger verhalten sich auf den internationalen Märkten im Zweifelsfalle nicht anders als auf den Heimmärkten – und umso geringer macht sich der Diversifikationseffekt bemerkbar. Die Abbildung 5.5 zeigt, dass diese Effekte auch heute noch eine gewisse Rolle spielen und internationale Diversifikation Mehrwert schafft. Sie tut dies aber nicht mehr in demselben Ausmass wie noch vor fünfzehn Jahren.

Die Konsequenz war, dass man sich bei der Suche nach tiefen Korrelationen von den traditionellen Ländern weg in Richtung der aufstrebenden Märkte in Asien, Südamerika und Osteuropa gewandt hat. Dies funktionierte eine Weile gut, bis man gegen Ende der 90er-Jahre während der Asienkrise die Erfahrung machen musste, dass aufstrebende Märkte wegen ihrer sehr geringen Liquidität für die grossen Portfoliomanager dieser Welt – die selbst einen stetig steigenden Anlagebedarf haben – schlichtweg zu klein sind.

Seit Mitte der 90er-Jahre sind es nun vor allem alternative Anlageklassen wie Private Equity, Venture Capital und vor allem Hedge Funds, von denen sich die Anlagehäuser und ihre Kunden tiefe Korrelationen mit den Standardmärkten erhoffen.

Des Weiteren ist man besonders in Kontinentaleuropa daran, eine weitere Diversifikation eher im Sektoren- als im Länderbereich anzustreben. Denn man sieht die europäischen Aktienmärkte mittelfristig stärker zusammenwachsen und entsprechend vermutet man in den nächsten Jahren zwischen den Sektorindizes eher tiefere Gleichläufe als zwischen den Länderindizes.

Wie auch immer die Entwicklung in diesen Bereichen sein wird, letztlich wird auch ein diversifiziertes Branchenportfolio bei einer langfristigen Buy-and-Hold-Strategie nicht wesentlich anders rentieren als ein diversifiziertes Länderportfolio. Und die Kernaussage bleibt bestehen, dass die drei wichtigsten Prinzipien der Geldanlage lauten: Diversifikation, Diversifikation, Diversifikation.

6. Kapitel
Die Hedge-Fund-Saga – Hexengebräu aus Teufelsküche oder Allheilmittel einer gebeutelten Finanzindustrie?

In den letzten Jahren haben alternative Anlagen und unter ihnen insbesondere die so genannten Hedge Funds Hochkonjunktur gefeiert. Die Gründe hierfür sind vielfältig, einen haben wir im letzten Kapitel bereits genannt. Es ist die permanente Suche nach Anlageinstrumenten, die mit den traditionellen Märkten einen möglichst geringen Gleichlauf – sprich: tiefe Korrelation – aufweisen. Ein weiterer Grund liegt in der schlechten Performance der Aktienmärkte in den Jahren 2000 bis 2002, welche die Hedge Funds besonders gut hat aussehen lassen, und schliesslich auch in den Verkaufsanstrengungen der Bankhäuser, die schnell gemerkt haben, dass sich mit Hedge Funds in einem sonst mageren Anlageumfeld fette Margen erzielen lassen.

Des Weiteren sind Hedge Funds nicht zuletzt auch deswegen in den vergangenen Monaten zu einem grossen Thema geworden, weil verschiedene Regulatoren erst kürzlich auch Privatinvestoren einen vernünftigen Zugang ermöglicht haben. So trat Anfang 2004 beispielsweise in Deutschland das Investmentmodernisierungs-Gesetz in Kraft, das Teil des von Finanzminister Eichel angekündigten Förderplans für den Finanzmarkt Deutschland ist. Mit dieser Gesetzesnovelle werden in Deutschland die bisher nicht zugelassenen Hedge Funds den traditionellen Anlagefonds rechtlich und steuerlich gleichgestellt. Deutsche Privatanleger erhielten damit zum ersten Mal überhaupt die Möglichkeit, in Hedge-Fund-Instrumente zu investieren. Allerdings sollen deutsche Privatanleger zu ihrem «eigenen Schutz», wie man so sagt, zunächst nur in so genannte Dachfonds anlegen können. Single Hedge Funds bleiben den institutionellen Anlegern vorbehalten.

Die Hedge-Fund-Industrie hat in den letzten Jahren einen gewaltigen Boom erlebt. Während im Jahre 1990 knapp 40 Milliarden US-Dollar als Hedge Funds verwaltet wurden, waren es im Jahre 2002 bereits annähernd 700 Milliarden.

Das wesentlich Neue an den Hedge Funds ist, dass sie sich nicht an irgendeiner Benchmark – zum Beispiel einem Aktienindex – orientieren. Sie versuchen, einen absoluten, von der jeweiligen Marktlage unabhängigen, Ertrag zu erwirtschaften. Im Gegensatz zu den Managern traditioneller Anlagefonds sind die Hedge-Fund-Manager in der Wahl der Märkte aber auch der Instrumente oft völlig frei. Sie können in ein breites Spektrum von Anlageformen und Instrumenten investieren und agieren weltweit auf einer Vielzahl von Märkten. Sie handeln mit Aktien, Rohstoffen, Devisen, Obligationen und Derivaten wie Optionen, Swaps und Futures und können auf steigende oder fallende Kurse setzen und sind so in der Lage, eine stetige Wertsteigerung auch dort zu erzielen, wo traditionelle Anlagen an Wert verlieren.

Das klingt alles wunderbar und könnte fast eins zu eins einer Verkaufsbroschüre für Hedge Funds entnommen sein. Aber auch hier wachsen die Bäume nicht in den Himmel und wer die bisherigen Kapitel dieses Buches gelesen hat, weiss, dass man bei allzu blumiger Beschreibung von Renditemöglichkeiten etwas vorsichtig sein sollte. Wir schliessen uns der Meinung von ROLF BANZ und RENAUD DE PLANTA an, zweier Direktoren der Genfer Privatbank Pictet – alles andere als ein Haus, das modernen Instrumenten abgeneigt wäre –, die sich in einer bemerkenswerten Analyse über Hedge Funds wie folgt äussern:

> «Finding an asset class with high absolute performance, low volatility and zero correlation with other investments ... almost sounds to good to be true and, we suspect, in many cases, is not true!»[35]

Ein Grossteil der oben genannten Instrumente ist traditionellen Fonds-Managern versperrt. Und das ist auch gut so. Mit dem speziellen Renditepotential der Hedge Funds gehen nämlich durchaus auch besondere Risiken einher. So liest man häufig, dass rund die Hälfte aller neu

---

35 Vgl. BANZ, R./DEPLANTA, R., Hedge Funds: All that Glitters is not Gold, Pictet & Cie, April 2002. Wir attestieren den beiden Autoren deswegen eine besondere Glaubwürdigkeit bei ihrem Urteil, weil sie neben ihrer Bankaktivität insbesondere auch in der Akademia einen hervorragenden Ruf geniessen. ROLF BANZ ist derjenige Wissenschaftler, der in den 80er-Jahren in den USA den Small-Cap-Effekt im eigentlichen Sinne erfunden hat. Wir sind ihm bereits im vierten Kapitel mit seinen damaligen Arbeiten begegnet.

gegründeten Hedge Funds nach 30 Monaten wieder verschwinden und nur 4 Prozent länger als 10 Jahre bestehen.[36] Des Weiteren führen gerade die von Hedge Funds verfolgten Strategien dazu, dass die Risikocharakteristiken der entsprechenden Portfolios völlig anders aussehen können, als die Risiken traditioneller Finanzmarktinstrumente.

Natürlich sind dies die Hauptgründe dafür, dass im oben genannten Investmentmodernisierungsgesetz den Privatanlegern zunächst einmal nur so genannte Dachfonds offen stehen. Auf der anderen Seite relativiert dies auch die Aussagen einiger Vertreter der Hedge-Fund-Industrie, die gerne und sehr laut das Anlageparadies auf Erden versprechen, welches sie aber nie und nimmer werden liefern können. Bevor ein Anleger folglich allzu gutgläubig viel Geld in Hedge Funds investiert, ist es sinnvoll, sich zunächst mit den entsprechenden Opportunitäten aber auch mit den zugehörigen Risiken auseinander zu setzen. Es mag nämlich schon sein, dass die Hedge Funds die grössten Anlagetalente der Bankindustrie angezogen haben – wie dies oft behauptet wird –, mit Sicherheit haben sie sich aber die grössten Verkaufs- und Marketingtalente geholt.

Eine Speisekarte mit grosszügigem Inhalt

Nun sind aber Hedge Funds nicht einfach klar definierte Anlageprodukte oder spezifische Anlagestrategien, sondern eine ziemlich heterogene Gruppe unterschiedlichster Anlagestile und -vehikel. Kaum zwei dieser Fonds oder Portfolios machen wirklich das gleiche. Das einzige allen Gemeinsame ist, dass sie mit allen möglichen Instrumenten, ohne wesentliche Restriktionen und Regulierungen und oft ziemlich intransparent arbeiten können und wollen. Die nachfolgende Kategorisierung soll versuchen, einige der unterschiedlichen Ansätze und Strategien ein wenig zu ordnen.

(i) Global Macro

Fonds oder Portfolios, die eine Global-Macro-Strategie verfolgen, basieren auf volkswirtschaftlichen Analysen, die globale Trendveränderungen zu identifizieren und damit spekulative Gewinne zu erzielen versu-

---

36 STOCKS, das Schweizer Anleger-Magazin, 23. August 2002, S. 22.

chen. Hier ist wichtig, dass man gewonnene Erkenntnisse möglichst rasch und unkompliziert umsetzen kann. Sowohl hinsichtlich der zum Einsatz kommenden Instrumente als auch der Wahl der Märkte gibt es keinerlei Beschränkungen.

(ii) Long/Short Equity

Hier werden Aktien, die der Manager für unterbewertet hält, gekauft und solche, die er für überbewertet hält, verkauft. Dabei werden die Aktien, die verkauft werden, nicht selber gehalten, sondern sie werden geliehen und später bei tieferen Kursen zurückgekauft und wieder geliefert.

(iii) Marktneutral

Bei marktneutralen Strategien wird versucht, mit technisch ausgefeilten Ansätzen und hohem Anteil an Fremdkapital geringste Markteffizienzen in der Regel in den Bond- bzw. Rentenmärkten sowie bei Wandelanleihen (convertible Arbitrage) auszunützen.

(iv) Event Driven

Hier geht es um die Ausnützung spezieller Unternehmenssituationen wie beispielsweise Aktien-Austauschverhältnisse bei Fusionen oder Spin-offs (Merger-Arbitrage) oder bei Insolvenz-Gefahr (Distressed Securities).

(v) Managed Futures

Diese Strategien fokussieren insbesondere auf Termin- und Optionsbörsen. Die Manager investieren ihr Kapital fast ausschliesslich an den Terminbörsen in Futures auf Zinsen, Aktien, Indizes, Devisen oder Rohstoffe, dies oft mit Hilfe technischer Handelsmodelle.

Die obige Kategorisierung erhebt keineswegs Anspruch auf Vollständigkeit. Sie will lediglich einen gewissen Überblick über die vorhandenen Möglichkeiten bieten. Der ganze Bereich ist relativ heterogen und intransparent und dementsprechend ist es auch ausgesprochen schwierig, Messlatten (Benchmarks) für die einzelnen Fonds zu finden. Oft hört man, die risikolose Verzinsung wäre ein vernünftiger Massstab, weil behauptet wird, absolute Erträge seien das sine qua non der Hedge-Fund-Industrie. Solche Forderungen können aber nicht wirklich ernst genommen werden, ist doch das Risiko erwiesenermassen nicht vernachlässigbar und entsprechend kann eine risikolose Verzinsung – die man definitionsgemäss *risikolos* erreichen kann – keine Messlatte sein. Des Weiteren lassen sich absolute Erträge leicht in allen Marktlagen verlangen, die Rendite-Zahlen sprechen aber eine völlig andere Sprache, wie wir weiter unten noch sehen werden.

Viele der oben beschriebenen Strategien basieren auf dem Ausnützen kurzfristiger Markineffizienzen; das heisst, dem Erkennen von Fehlbewertungen, die «der Markt» noch nicht bemerkt hat. Nach den Diskussionen zur Markteffizienz in den obigen Kapiteln ist dies zwar fragwürdig, grundsätzlich aber nicht auszuschliessen. Immerhin haben wir bei der Diskussion der Theorie effizienter Märkte festgestellt, dass der Kurs an den Märkten immer nur dann jegliche relevante Information reflektieren kann, wenn jemand aufgrund der neuen Information auch wirklich agiert und den Preis dorthin bewegt, wo er richtigerweise hingehört. Wir haben oben beispielsweise bei der Diskussion der Small-Cap-Effekte festgestellt (vgl. Abbildung 4.1), dass auch dieser Effekt eine Weile existiert hat und von Managern aktiv hat ausgenützt werden können – aber nur solange, bis genügend Leute auf ihn gesetzt haben. Dann hat er sich in sein Gegenteil verwandelt. Des Weiteren haben wir auch festgestellt, dass bei langfristiger Betrachtung ein Value-Growth-Effekt zu existieren scheint. Und was sind fundamentale Unterbewertungen, wie wir sie im zweiten Kapitel dargestellt haben, letztlich anderes als Marktineffizienzen? Oder mit anderen Worten: Genau gleich wie herkömmliche Anlagen in den traditionellen Märkten die Preistransparenz und damit die Markteffizienz erhöhen, tun dies die Hedge Funds oder eben die nicht-traditionellen Manager in den weniger traditionellen Märkten. In diesem Sinne erfüllen auch die Hedge Funds eine wichtige wirtschaftliche Rolle.

Wir haben allerdings Zweifel, dass es an den Märkten genügend solcher Ineffizienzen gibt, um allen Fonds, deren Zahl inzwischen auf über 7 000 angewachsen ist und die ein Vermögen von über 700 Milliarden US-Dollar verwalten (Tendenz steigend), eine vernünftige Performance zu ermöglichen. Wir haben oben gelernt, dass immer dann, wenn jeder einem Produkt oder einer Strategie nachzurennen beginnt, weil sie in jüngster Zeit sehr erfolgreich waren, deren Zenit bereits überschritten ist. Wir werden sehen.

Und die Performance?

Faire Performance-Berechnungen für Hedge Funds sind schwierig aufzutreiben. Dies liegt nicht nur daran, dass die meisten solcher Berechnungen vor allem von Anbietern der Hedge Funds selbst stammen, die wie oben bereits betont wurde, über die besten Marketing-Talente verfügen. Die Berechnung von Performancezahlen ist ganz generell ein Problem, da sich die gesamte Industrie sehr intransparent und heterogen präsentiert und eine Reihe methodischer Probleme existieren, welche die ausgewiesenen Renditen und Performancezahlen verzerren.

Eine der wichtigsten Renditeverzerrungen ist der so genannte «Survivorship Bias», der daraus resultiert, dass bei vielen Berechnungen Fonds mit einer schlechten Performance aus der Datenbasis für die Performanceberechnung verschwinden. Diese Verzerrung stellen wir zwar bei traditionellen Fonds auch fest, aber da wir im alternativen Bereich wissen, dass jedes Jahr etwa 20% aller Hedge Funds ihre Tätigkeit einstellen, wird das Ausmass der möglichen Verzerrung hier relevant. Renditeberechnungen basierend auf den Rentabilitätszahlen überlebender Fonds werden deswegen in der Regel zu hoch ausgewiesen. Oder anders formuliert: Die aus historischen Daten berechneten Zahlen überschätzen die Rendite, welche der Investor realistischerweise künftig erwarten kann.[37] Auch BANZ/DEPLANTA machen auf die Bedeutung solcher Verzerrungen aufmerksam und bemerken:

> «The contrast between the spectacular reputation of hedge funds as superior investments based on largely anecdotal evidence and the results of academic studies is striking.»[38]

Nun geht es hier nicht darum, die Details solcher Streitpunkte auszudiskutieren. Wichtig ist einfach, dass präsentierte Renditezahlen für Hedge

---

37 Vgl. für eine wissenschaftliche Analyse dieses Effektes z.B. GRÜNBICHLER, A./GRAF, S./WILDE, C., Private Equity und Hedge Funds in der strategischen Asset Allokation, in: DICHTL, H./KLEEBERG/SCHLENGER, C., Handbuch Asset Allocation, Uhlenbruch 2003.

38 BANZ/DEPLANTA (siehe Fussnote 35), S. 10.

Funds jeweils mit einem sehr kritischen Auge zu betrachten sind. Diese Aussage bezieht sich insbesondere auch auf die oft und gerne präsentierten Indizes. Anders als bei den traditionellen Anlagen sind nämlich Hedge-Fund-Indizes alles andere als objektive Messlatten, die zur Performancebeurteilung herangezogen werden könnten. Lars Jaeger aus dem Research der Partners Group, einem Spezialhaus für alternative Anlagen, schreibt dazu, dass man bei den Hedge Fund Indizes gelegentlich das Gefühl bekommt, sie seien eher getarnte Dachfonds, die den Begriff «Index» als wohlklingendes Argument für ihr Marketing entdeckt haben.[39]

Ähnliche Argumente gilt es neben den Renditen auch beim Risiko der Hedge Funds zu beachten. Eine der wesentlichen Eigenschaften, die oft als Vorteil der Hedge Funds genannt wird, ist die Asymmetrie der Renditen. Und in der Tat weisen viele Hedge Funds Renditen auf, deren Verteilung eher wie spezielle Versicherungsrisiken aussehen, als wie die traditionellen (Volatilitäts-) Risiken an den Finanzmärkten, die wir inzwischen einigermassen zu analysieren gelernt haben. Etwas salopp ausgedrückt können solche «speziellen Versicherungsrisiken» als Ereignisse beschrieben werden, die mit sehr kleiner Wahrscheinlichkeit eintreffen, dann aber katastrophale Auswirkungen haben (vgl. den «Fast-Zusammenbruch» des Long Term Capital (LTCM) Hedge Fund im Herbst 1998). Bei so strukturierten Risiken ist es aber analytisch falsch, die statistischen Standardwerkzeuge der Finanztheorie zu verwenden, die fast ausschliesslich für symmetrische Verteilungen entwickelt wurden. Wir haben einige davon in den letzten Kapiteln kennen gelernt. Volatilitäten, Korrelationen und ähnliches können nicht mehr einfach so verwendet werden, auch wenn sich die meisten Protagonisten der Hedge Funds grosszügig über diese Tatsache hinwegsetzen. Die Konsequenzen können fatal sein.[40]

---

39 Vgl. JAEGER, L., Hedge Fund-Indizes: Ein besserer Weg in Hedge Funds zu investieren?, Partners Group, Februar 2004.
40 Vgl. hierzu beispielsweise AMIN, G. S./KAT, H. M., Hedge Fund Performance 1990–2000; do the «Money Machines» Really Add Value? ISMA Center Discussion Papers in Finance 2001-5, the Business Scholl for Financial Markets, University of Reading; oder: JAEGER, L., Renditequellen für Hedge Funds, Absolutreport Nr. 13, 04/2003, S. 26–31.

Interessant ist in diesem Zusammenhang die Frage, wie in den letzten Jahren die Hedge Funds in speziell schwierigen Situationen abgeschnitten haben. Sämtliche Analysen zeigen uns, dass in den schlechten Aktienjahren 2001 und 2002 praktisch alle Kategorien von Hedge Funds die Aktienindizes weit hinter sich gelassen haben. Die *Abbildung 6.1* zeigt dies eindrücklich.

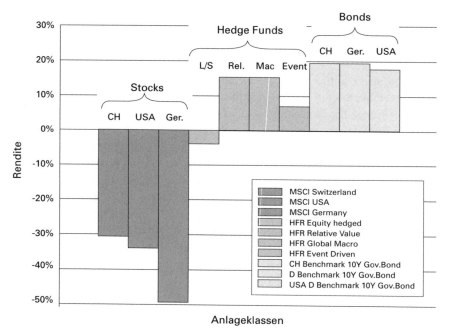

Abb. 6.1: Rendite unterschiedlicher Anlageklassen in den Jahren 2001 und 2002 (jeweils in Schweizer Franken); Quelle: Partners Group

Wir haben den Schweizerischen, den Deutschen und den Amerikanischen Aktienindex (jeweiliger MSCI) zusammen mit einer Reihe von Hedge-Fund-Subindizes von HFR (Hedge Fund Research, Inc.) und den Renditen 10-jähriger Staatsanleihen abgetragen. Die Aktienindizes liegen alle zwischen minus dreissig und minus fünfzig Prozent. Alle Hedge-Fund-Kategorien liegen mit Ausnahme der Long/Short-Equity- bzw. der Equity-Hedged-Strategien im positiven Bereich, scheinen mit anderen Worten die Hypothese der «Allwetterstrategie» einigermassen zu bestätigen. Immerhin ist aber interessant, dass auch die Obligationenindizes dies tun und mit einer schlichten Buy-and-Hold-Strategie mit einfachen Staatsanleihen alle Hedge-Fund-Strategien noch in den Schatten stellen; dies nota bene zu wesentlich geringeren Kosten und bei vollständiger Transparenz sowohl der Produkte als auch der Indizes.

Und seither? *Abbildung 6.2* zeigt die gleiche Zusammenstellung für Anfang 2003 bis ins Frühjahr 2004.

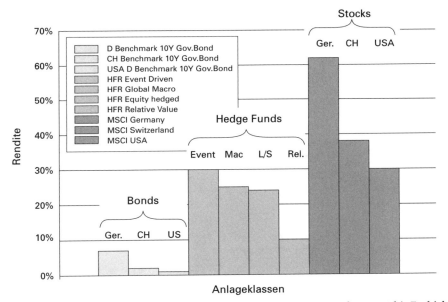

Abb. 6.2: Gesamtperformance unterschiedlicher Anlageklassen von Anfang 2003 bis Frühjahr 2004 (jeweils in Schweizer Franken); Quelle: Partners Group

Die Ergebnisse haben sich völlig umgedreht. Die Aktienmärkte liegen jetzt auf plus dreissig bis plus sechzig Prozent und die Rentenmärkte zwischen zwei und acht Prozent. Die Hedge Funds liegen wiederum dazwischen. Auch hier liesse sich durch eine recht einfache gemischte Strategie mit Aktien und Obligationen die Performance der Hedge Funds problemlos durch Mischung der beiden traditionellen Anlegeklassen abbilden. Immerhin wird aber deutlich, dass die Hedge Funds – sie liegen ja in beiden Perioden bezüglich Rendite etwa in der Mitte –, zwar nicht das Gewinnpotential der beiden anderen Anlagen besitzen, aber in den schlechtesten Phasen auch nicht so grosse Korrekturen aufweisen wie die Aktienmärkte. Die relativ geringe Schwankungsbreite scheint sich also hier zu bestätigen.

Um einer wirklichen «Allwetterstrategie» auf die Spur zu kommen, genügt es natürlich nicht, eine einzelne Phase mit schwierigen Marktbedingungen zu untersuchen. Im nächsten Abschnitt wollen wir der Frage nachgehen, wie die unterschiedlichen Anlagekategorien über die letzten 10 Jahre in *schwierigen* Marktphasen abgeschnitten haben. Mit der Obligationenkrise im Winter 1994, der Asienkrise in der zweiten Hälfte 1997, der Russland- und der LTCM-Krise von August bis Oktober 1998, dem Dot.Com-Crash 2000 bis 2001 und den 9/11-Anschlägen im Jahre 2001 decken wir einige wesentliche Krisen der letzten 10 Jahre ab.[41]

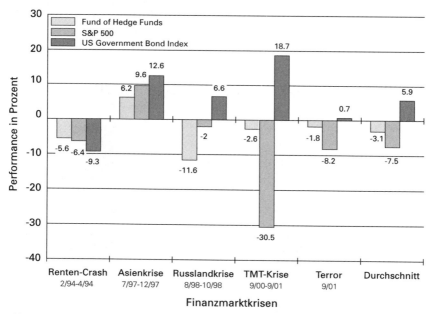

Abb. 6.3: Performance verschiedener Anlagekategorien in Krisenzeiten (Quelle: Jaeger, L./Jacquemai, M./Cittadini, P., Hedge Funds in Marktturbulenzen, NZZ 5/2002, S. 27)

Wir zeigen dabei die Performance eines Fund-of-Hedge-Funds, eines Rentenindexes und des S&P Aktienindexes über die spezifizierten Krisendaten. In vier dieser fünf Krisen ist weder dem Aktienindex noch dem Fund-of-Hedge-Funds die Kapitalerhaltung gelungen. Die einzige Strategie, der es gelungen ist, im Durchschnitt über diese Krisen nicht

---

41 Die Analyse stammt von JAEGER, L./JAQUEMAI, M./CITTADINI, P., Hedge Funds in Marktturbulenzen, NZZ, 8. Januar 2002, S. 27.

nur das Kapital zu erhalten, sondern auch noch «etwas zu verdienen», ist die Rentenstrategie. Sowohl Aktien als auch Hedge Funds haben im Schnitt in den spezifizierten Krisen Geld verloren. Interessant ist vielleicht auch hier wieder die Bemerkung, dass eine relativ einfache Anlagestrategie mit einem Drittel in Obligationen und zwei Dritteln in Aktien – eine sonst für recht aggressiv gehaltene Anlagestrategie – in etwa die gleiche mittlere «Krisenrendite» erbracht hätte wie der Fund-of-Hedge-Funds; allerdings auch hier wieder bei höherer Volatilität und grösserem so genannten «Draw Down» aber auch grösserer Transparenz. Über die Kosten dieser unterschiedlichen Strategien werden wir im nächsten Kapitel nachdenken, da sie in diesem Kontext nicht zu vernachlässigen sind.

Natürlich sind die den Abbildungen 6.1 und 6.2 zugrunde liegenden Rechnungen etwas trivial. Logischerweise kann man nicht einfach Durchschnitte über verschiedene und unterschiedlich lange Krisenperioden bilden. Selbstverständlich gibt es weitere Aspekte und vielleicht auch noch andere Krisen zu beachten. Wir haben diesbezüglich oben ja selbst betont und werden unten noch einmal darauf zurückkommen, dass die Verwendung von Hedge-Fund-Indizes problematisch sein kann.

Dennoch helfen diese Darstellungen aber aufzuzeigen, dass die völlig einseitige Sicht einiger Protagonisten der Hedge-Fund-Industrie, die in zahlreichen Verkaufsgesprächen und Marketing-Broschüren der jeweiligen Sales-Abteilungen präsentiert wird, mit Vorsicht zu geniessen ist. Hedge Funds sind nicht die eierlegende Wollmilchsau der Investment-Industrie oder die Allwetterstrategie in der Vermögensverwaltung, mit der es in jeder Marksituation – ob rauf oder runter – nur noch Geld zu verdienen gibt.

Wenn man dann noch die Gebührenstrukturen berücksichtigt, mit denen einige dieser Vehikel gesegnet sind, kann man sich gelegentlich des Gefühls nicht ganz erwehren, es handle sich – vor allem bei den Funds-of-Hedge-Funds – weniger um ein Allheilmittel *der* Finanzindustrie – wie wir es im Titel des vorliegenden Kapitels nennen –, als um ein Allheilmittel *für* die Finanzindustrie.

Wir haben oben bereits betont, dass es sich bei der Hedge-Fund-Industrie um einen ausgesprochen heterogenen Zweig der Vermögensverwaltungs-Branche handelt. Dies bedeutet aber, dass der Anleger hier wohl mit einem ähnlichen, wenn nicht sogar grösseren Auswahlproblem konfrontiert sein wird, wie bei den traditionellen Anlagefonds. Obwohl die einschlägigen «Spezialisten» nicht müde werden zu behaupten, gerade sie wüssten, wie ein Fund-of-Hedge-Funds zusammenzustellen sei und dafür zum Teil ja auch saftige zusätzliche Kommission verlangen, ist ein gesundes Mass an kritischer Distanz – hier noch mehr als bei den traditionellen Anlageinstrumenten – dringendst angeraten.

Die passende Würze und das richtige Mass

Die obigen Abschnitte enthalten ein gerütteltes Mass an kritischer Auseinandersetzung mit den Hedge Funds. Dies ist bewusst und dient als Gegengewicht zu den allzu euphorischen Anlageberatungs- und Verkaufsbemühungen, die von der Finanzindustrie in den letzten Jahren auf den Anleger herunterprasseln und nicht immer ganz so ehrlich daherkommen, wie sie den Anschein machen wollen.

Nun ist aber eine kritische Auseinadersetzung mit den aggressiven Verkaufsbemühungen, die diese Branche charakterisieren, das eine. Die analytische Auseinandersetzung mit Sinn und Zweck solcher Produkte und Strategien, aber vielleicht etwas ganz anderes. Hat man sich erst einmal von der Illusion gelöst, im Hedge-Fund-Bereich gäbe es nur Genies und jeder *traditionelle* Manager würde nur deswegen noch «traditionell» managen, weil ihm die intellektuelle Basis fehle, um im «Hedge-Fund-Zirkus» mitzumachen, kann man der Diskussion durchaus intelligente, interessante und vor allem konstruktive Erkenntnisse abgewinnen.

Dazu gilt es, sich zunächst einmal grundsätzlich Gedanken darüber zu machen, welches die Faktoren sind, die die Renditen der unterschiedlichen traditionellen oder nicht-traditionellen Anlagekategorien treiben.

Wenn längerfristige Zinspapiere im Normalfall eine höhere Verzinsung erbringen als kurzfristige Geldmarktpapiere, dann hat dies neben anderem damit zu tun, dass man bei den Langläufern ein höheres Risiko in Kauf nimmt; dies einerseits im Sinne von Schuldnerrisiko und andererseits als Schwankungsrisiko. Die höhere Rendite ist mit anderen Worten eine Risikoprämie. Bei Aktienanlagen ist dies ähnlich. Die höheren Kurzfristschwankungen eines Aktienindexes gegenüber der Obligation oder den Geldmarktpapieren werden durch eine im Durchschnitt höhere Rendite «belohnt». Was auch hier nichts anderes als eine Prämie für das Erleiden des höheren Risikos darstellt.[42]

Hier enden die traditionellen Finanzmarkttheorien oft, weil sie davon ausgehen, dass Renditen ausschliesslich von der Höhe des mit der Anlage verbundenen *systematischen* Risikos abhängen und sonst mit gar nichts. Jegliche Rendite jenseits dieser «Beta-Renditen» wird irgendwelchen Anomalien zugeschrieben, wie wir sie oben verschiedentlich diskutiert haben.

Die jüngere Forschung im Bereich der Hedge Funds geht nun davon aus, dass neben dem Marktrisiko noch weitere systematische Risiken die Eigenschaft besitzen, die Rendite eines Portfolios zu beeinflussen, und dass der Vorteil der Hedge Funds gerade darin besteht, solche zusätzlichen Risiken zusammen mit den entsprechenden Erträgen in ein Portfolio einbauen zu können.

Diese Sicht auf die Hedge Funds ist somit nicht mehr eine, die laufend irgendwelchen Ineffizienzen oder gewissen Genies blind nachzurennen hat, sondern eine, die Risikoelemente zu identifizieren vermag, die einen bestimmten und gegebenenfalls einen bestimmenden Einfluss auf die Rendite und das Risiko einer Anlagestrategie haben können. Diese Risiken können je nach Art der Hedge-Fund-Strategie grösser oder kleiner sein als die Risiken traditioneller Anlagen, sie können vor allem aber auch eine ganz andere Struktur aufweisen. Über einen längeren Zeithorizont betrachtet ergeben diese «neuen Beta-Risikoprämien» eine Zusatzrendite, die auch dann nicht verschwindet, wenn andere Investoren sie «entdecken», wie dies bei «normalen Anomalien» der Fall ist. Im Weiteren sind diese Risikoprämien eng verbunden mit den unterschiedlichen ökonomischen Funktionen der Hedge-Fund-Strategien, wie wir sie beispielhaft oben beschrieben haben.

Hier hat sich die Industrie in den letzten Jahren vollständig gewandelt. Noch vor wenigen Jahren war die Hedge-Fund-Branche fast gänzlich

---

42 Wobei wir im Kapitel fünf gesehen haben, dass sich nur das so genannte systematische Risiko – oft wird dieses Risiko auch «Beta Risiko» genannt – auch wirklich in einem höheren erwarteten Ertrag niederschlägt. Risiko, das durch eine schlechte Diversifikation erzeugt wird, wird nicht abgegolten (vgl. Abbildung 5.1).

von den grossen Makro Funds à la Sorros oder Julian Robertson dominiert. Das heisst, man hatte eigentlich fast nur die Möglichkeit, irgendeine spezielle Form zusätzlichen volkswirtschaftlichen (Makro-) Risikos in die Portfolios einzubauen.[43]

Heute sieht das völlig anders aus. Heute gibt es eine fast unüberschaubare Anzahl verschiedenster Strategien und Substrategien, die die diversen «Beta-Risiken» zulassen und es im Prinzip ermöglichen, eine sehr individuelle Risiko- und Ertragsstruktur eines Portfolios zusammenzubauen.

Unterschiedliche «Benchmarks»	Gesamtertrag
HFR	18,10%
CSFB Tremont	14,48%
MSCI	14,05%
SPHF	10,05%

Abb. 6.4: Wie war die Performance der Hedge Funds im Jahre 2003?[44] (Quelle: Fung, W. K. H./Hsieh, D. A., Hedge Fund Returns: Alpha Bets or Beta Bets?, Center for Hedge Fund Research, London Business School, 2003)

Nun ist aber natürlich die Angelegenheit nicht ganz so einfach, wie sie ausschaut. Denn die schiere Menge der vorhandenen Möglichkeiten, und die nach wie vor bewusste Intransparenz vieler Produkte und Strategien, gibt einen Hinweis darauf, dass sich die gesamte Industrie sehr rasch bewegt und dass die Übersicht jeden Tag schwieriger wird, sie inzwischen vielleicht schon unmöglich geworden ist. Dies ist mit ein Grund, weswegen immer mehr Portfolios von Hedge Funds gebaut und vermarktet werden. Genau gleich wie ein traditioneller Fonds durch Diversifikation versucht, die Risiken der Einzeltitel zu reduzieren, geht

---

43 Im Jahre 1990 waren über 70% aller Hedge Funds so genannte Macro Funds. Heute machen die Macro Funds weniger als 20% aus und die wichtigsten Kategorien sind die Equity-Hedge- und die Arbitrage-Strategien.

44 HFR ist die «Messlatte» von Hedge Fund Research Inc. in Chicago, MSCI ist der Hedge Fund Index von Morgan Stanley, CSFB ist der Tremont Index von Credit Suisse, SPHF ist der Hedge Fund Index von Standard & Poors.

man davon aus, dass dies auch im Bereich der Hedge Funds möglich ist. Aber genauso wie die zahlreichen Indizes für Hedge Funds die Transparenz der Industrie nicht erhöhen, können dies natürlich auch die wie Pilze aus dem Boden schiessenden Funds-of-Hedge-Funds nicht.

Die *Abbildung 6.4* zeigt beispielsweise auf, wie sich die Performance der Hedge Funds im Jahre 2003 darstellen lässt, wenn man *verschiedene* Indizes zu Rate zieht.

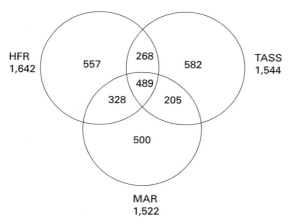

Abb. 6.5: Wie repräsentativ sind unterschiedliche Indizes?

Die Ergebnisse sind völlig unterschiedlich, je nachdem welchen Index man wählt – oder woher man kommt und wohin man schaut. Welche Benchmark oder Strategie soll denn ein Investor jetzt wählen, wenn er spezifizierte «Beta-Risiken» in sein Portfolio einbauen will?

Ein weiteres Beispiel für die schwierige Situation, in der man sich beim Versuch Transparenz zu schaffen befindet, zeigen die Indizes, die aus unterschiedlichen Datenbanken zusammengestellt werden. Drei wichtige Hedge-Fund-Datenbanken sind beispielsweise diejenigen der Hedge Funds Research Inc. in Chicago (HFR), TASS in London und CISDM in Amherst, Mass., die üblicherweise heute noch unter der Bezeichnung MAR läuft. Aus diesen verschiedenen Datenbanken werden ebenfalls Indizes extrahiert. Die *Abbildung 6.5*, die wiederum aus der oben zitierten Arbeit von FUNG/HSIEH stammt, zeigt, aus wie vielen Hedge Funds die einzelnen Indizes bestehen. Von diesen jeweils rund 1500 Funds überschneiden sich aber nur rund ein Drittel. Daraus wird deutlich, wie inhomogen die jeweiligen Indizes sind und wie schwierig es für einen interessierten Anleger ist, eine einigermassen vernünftige Messlatte zu definieren.

Entsprechend fragwürdig werden damit natürlich auch Vergleiche zwischen dieser «Anlageklasse» und den traditionellen Anlagen wie Aktien, Immobilien oder Renten. Dies muss nicht per se schlecht sein, es zeigt aber deutlich, dass der Wunsch vieler Hedge-Fund-Manager, Hedge Funds als eigenständige Anlagekategorie oder homogene Anlageinstrumente zu etablieren, Wunschdenken bleiben wird, solange sich die Hedge-Fund-Industrie nicht besser fassen lässt.

Auch wenn kein Zweifel besteht, dass viele der Entwicklungen, die in den letzten Jahren aus dem Hedge-Fund-Bereich gekommen sind, in die richtige Richtung weisen und eine eindeutige Erweiterung auch der analytischen Basis der Portfolioanalyse in Richtung eines besseren Verständnisses der Risiko- und Renditeprozesse an den Finanzmärkten gebracht hat, ist die gesamte Branche noch viel zu inhomogen und intransparent, um eine eigenständige Anlageklasse zu etablieren. Die Tatsache, dass es den Marketingabteilungen schon lange gelungen ist, in breitesten Anlegerschichten Hedge Funds als selbstständige Klasse mit klar identifizierten Eigenschaften zu definieren, ändert nichts an dieser Aussage. Die beschriebene Situation führt auch dazu, dass ein Anleger in Hedge Funds im Zweifelsfall ein Produkt in seinem Portefeuille hat, das überhaupt nichts mit irgendeinem Index zu tun hat und auch völlig andere Risiko- und Ertragseigenschaften aufweist, als er sich ursprünglich gedacht hat.

Zusammenfassend sei noch einmal die immer wieder gleiche Fragestellung eines potentiellen Investors in neue Produkte (alternativ oder traditionell) beschrieben:

Wie kann ich als Investor sicherstellen, dass ich in ein Produkt mit grossem Potential investiere? Wie kann ich sichergehen, dass ich mein Geld talentierten Verwaltern anvertraue und nicht solchen, die nur durch Zufall eine (vorübergehend) glückliche Hand haben? Und wie sorge ich dafür, dass kein Unglück geschieht? Frei nach DEPLANTA/BANZ gilt nach wie vor, dass weder vergangener Erfolg noch die Qualität der Marketing-Broschüren perfekt mit der künftigen Performance korrelieren. Oder mit anderen Worten: Genauso wie bei den traditionellen Anlagen ist auch bei den nicht-traditionellen nicht alles Gold, was glänzt.

7. Kapitel
Und was kostet der Spass? Machen Sie die Rechnung nicht ohne den Wirt!

Einige Leser mögen sich beim Lesen der letzten Kapitel gewundert haben, von welchen eher enttäuschenden langfristigen Renditen wir auch im Bereich an sich riskanter Anlagen gesprochen haben. Jene Anleger, die Traumrenditen von dreissig, vierzig oder noch mehr Prozent vor Augen haben, welche wir in einzelnen Jahren an den Aktienmärkten durchaus gesehen haben und auch wieder sehen werden – das jüngste Beispiel stammt ja von April bis Ende 2003 –, und die meinen, daraus irgend eine Norm ableiten zu können, leben aber gefährlich.

Kommt hinzu, dass wir uns in den nächsten Jahren wohl eher mit tieferen Zahlen werden zufrieden geben müssen als in der Vergangenheit. Dies deswegen, weil wir mit geringeren Inflationszahlen rechnen als im Durchschnitt der letzten dreissig Jahre und sich die «Zinsrallye» der Jahre 1980–2000 nicht wiederholen wird.

Wenn wir nun aber gleichzeitig feststellen, dass an verschiedensten Orten in der Finanzindustrie die Gebührenschrauben angezogen werden, dann müssen wir die Ohren spitzen. Wenn wir Renditen von fünfzehn Prozent einfahren und dafür eine Kommission von einem Prozent bezahlen, dann ist das leicht zu verdauen. Wenn sich die zu erwartenden Renditen aber auf noch fünf Prozent reduzieren und die Kommissionen sich gleichzeitig verdoppeln, dann beginnt die Geschichte «ins Tuch zu gehen».

Ganz so einfach und transparent laufen die Prozesse aber natürlich nicht ab. Immerhin wird aber deutlich, dass die Gebühren – vor allem im Privatkundenbereich – eine allzu stark vernachlässigte Grösse sind. Wenn wir allenthalben zu hören bekommen, dass die Banken im Privatkundenbereich die Margen erhöhen wollen, sollten wir folglich hellhörig werden.

Institutionelle Anleger haben diese Situation natürlich schon lange erkannt und pochen denn auch darauf, einen Teil der «Economies of Scale», welche die schiere Grösse ihrer Portfolios ausmachen, zu ihrem eigenen Vorteil zu nutzen. Private Anleger haben hingegen oft das Gefühl, dies sei ihnen nicht möglich. Immerhin fallen aber die Anlagefonds, die ja die Mittel dieser Privatanleger ebenfalls zu grossen Portfolios bündeln, genauso in den Kreis der institutionellen Anleger. Auch hier stellt sich demnach die Frage, wem diese Economies-of-Scale-Effekte zufallen sollen und wie sie zu verrechnen sind.

Dass es sich hier um nicht ganz triviale, sondern vielmehr relevante Fragestellungen handelt, zeigt schon allein der Titel einer kürzlich erschienen McKinsey-Studie zur Profitabilität der Europäischen Vermögensverwaltungsindustrie, in welcher von den «Gänsen, die die goldenen Eier legen», gesprochen wird.[45] Dass es sich auch quantitativ nicht um Trivialitäten handelt, zeigt beispielhaft ein sehr schlicht gehaltenes Inserat für den Anlagefonds einer Schweizer Privatbank, das am 5. April 2004 in der Neuen Zürcher Zeitung erschienen ist und uns bzw. die Halter des Fonds beiläufig wissen lässt, dass dieser neuerdings neben einer Ausgabekommission von bis zu fünf Prozent (!) auch eine Rücknahmekommission von bis zu einem Prozent verlangen wird. Es handelt sich dabei um Kommissionen, die verlangt werden können, noch bevor auch nur ein Franken oder Euro irgendwo investiert ist. Solche Vertriebskommissionen sind per se nicht wirklich ein Problem, so lange ich als Investor weiss, dass ich – je nach dem, bei wem ich einen solchen Fonds kaufe – nicht 100 investiere, wenn ich 100 bringe, sondern vielleicht nur 95. Es muss an dieser Stelle kaum speziell betont werden, dass das entsprechende Inserat weniger populär platziert und gestaltet wurde, als die jeweiligen Verkaufsinserate in der gleichen Zeitung für dieselben Fonds.

Ein weiterer Hinweis darauf, dass wir hier von durchaus relevanten Themen sprechen, ist die noch immer vorherrschende Intransparenz in diesem Geschäft. Es ist kein triviales Unterfangen, im Detail ausfindig zu machen, was ein Anlagefonds für einen Anleger «am Ende des Tages» kostet. Im Bereich der Hedge Funds wird ein solches Unterfangen fast hoffnungslos.

---

45 Vgl., Will the Goose Keep Laying Golden Eggs?, McKinsey & Company, October 2003.

Diese Beispiele und Hinweise sollten aufzeigen, dass es sich durchaus lohnen kann, die mühsame Suche nach den offenen und versteckten Kosten und Gebühren im Anlagegeschäft aufzunehmen. Wenn die zu erwartenden Renditen von Aktienfonds in den Bereich von fünf bis sieben Prozent per annum fallen und man gleichzeitig zu Kostenstrukturen investieren muss, die bereits bei vier Prozent und mehr liegen, dann gilt es aufzupassen, dass man am Ende des Tages nicht mit einem Portfolio dasteht, das die Volatilität – und den Ärger – von Aktien aber bestenfalls die Rendite von Anleihen aufweist.

Der «einfache» Anlagefonds

Den «einfachen» Anlagefonds gibt es an und für sich gar nicht. Wenn es ihn gäbe, dann wäre er vielleicht am ehesten vergleichbar mit irgendeinem sich auf ein bestimmtes Land oder eine Region konzentrierenden Aktien- oder Rentenfonds oder mit einem der verschiedenen Indexfonds, die wir oben schon mehrfach erwähnt haben. Wenn wir aber die Gebührenstrukturen betrachten und diese vielleicht sogar international vergleichen wollen, dann ist definitiv Schluss mit «einfach».

Bei den Kostenkategorien unterscheiden wir einmalige und laufende Kosten. Die einmaligen Kosten sind insbesondere die im obigen Inserat genannten *Ausgabe- und Rücknahmekommissionen*. Im Prinzip dienen solche Kommissionen der Abgeltung der Vertriebskanäle, was aber für den Anleger irrelevant ist. Für ihn sind das einfach Kosten, die anfallen, noch bevor etwas investiert wurde. Wie stark diese Kosten ins Gewicht fallen, hängt natürlich von der Haltedauer und unter bestimmten Umständen auch vom Transaktionsvolumen ab.

Die Höhe der Ausgabekommissionen ist von Vertriebskanal zu Vertriebskanal verschieden und muss im Detail erfragt werden. Aus dem oben erwähnten Inserat wissen wir, dass sie teilweise bis zu fünf Prozent und mehr betragen können. Ganz grob kann aber davon ausgegangen werden, dass man mit Schätzungen von zwischen zwei und drei Prozent nicht allzu weit von der Realität entfernt liegt.[46]

---

46 Vgl. als Referenz: DEN OTTER, M: Investmentfonds, Verlag Neue Zürcher Zeitung, Zürich 2003.

Nicht weniger Intransparenz herrscht bei den *laufenden Kosten*. Diese fallen jährlich an und werden im Normalfall direkt dem Fondsvermögen belastet und verringern dadurch automatisch die Performance des Fondsportfolios. Ohne allzu stark in die Details gehen zu wollen – ein Minimum an Detaillierungsgrad ist hier notwendig, um auch nur einigermassen Transparenz herstellen zu können –, setzen sich die laufenden Kosten in der Regel aus den folgenden Elementen zusammen:

- Vermögensverwaltungskosten (fix und performanceabhängig)
- Transaktionskosten des Fondsportfolios
- Kosten der Fondsadministration (Buchhaltung, Inventarwertberechnungen etc.)
- Depotgebühren
- Übrige Kosten wie Revisionsgebühren, Rechtsberatung, Druckkosten für Jahresberichte, Werbematerial etc.

In den letzten Jahren hat es sich eingebürgert, den laufenden Kosten über die Berechnung der so genannten Total Expense Ratio (TER) auf die Spur zu kommen, um beispielsweise Fonds auch international vergleichbar zu machen. In der Tat ist es in verschiedenen Ländern heute sogar Pflicht, die TER der Fonds anzugeben. Ohne Zweifel ist dies der richtige Weg hin zu mehr Transparenz. Allerdings wäre es eine Illusion zu meinen, für den Anleger sei damit das Problem gelöst. Die Total Expense Ratio zeigt nämlich keineswegs die *total expenses* für den Anleger. Denn auch wenn die TER aus den Geschäftsberichten der Fonds berechnet werden kann, fehlen noch immer ganz wesentliche Kostenelemente, die im wahrsten Sinne des Wortes versteckt sind. Die fehlenden Elemente sind mögliche performance-abhängige Kommissionen sowie insbesondere die Transaktionskosten des Portfolios selbst. Wir werden weiter unten sehen, dass es sich hierbei um keineswegs vernachlässigbare Kostenkomponenten handelt.

Die in London ansässige Research Agentur Fitzrovia errechnet regelmässig die Total Expense Ratio der in verschiedenen Ländern angebotenen Anlagefonds. Die Schwankungsbreiten sind dabei gigantisch. So reichen die von den unterschiedlichen Fondsanbietern in Deutschland durchschnittlich verlangten TERs von 0,45% für den billigsten bis 7,45% für den teuersten Anbieter (per annum!). In der Schweiz liegt der billigste Anbieter bei 0,68% und der teuerste bei 4,39%. Aber noch einmal: Diese Zahlen sind mit Vorsicht zu geniessen, denn es ist gut möglich, dass der Anbieter mit der tiefsten TER die höchsten Ausgabekommissionen verlangt. Deswegen wollen – oder müssen – wir auch hier versuchen, mit Durchschnitten einen Weg zu finden. Wenn wir auch hier DEN OTTER[47] folgen, können wir wahrscheinlich davon ausgehen, dass man im Aktienbereich mit zwischen 2,0% und 2,5% und im Obligationenbereich mit etwa 1,5% p.a. zu rechnen hat. Erneut sei hier betont, dass die Total Expense Ratio zwar einen Grossteil der laufenden Kosten berücksichtigt, aber exklusive der performance-abhängigen Vermögensverwaltungsgebühr – dort wo eine solche anfallen kann – und exklusive der Transaktionskosten des Fondsportfolios berechnet wird.

Die Transaktionskosten, die aus der Sicht des Anlegers am meisten ins Gewicht fallen, sind auf der einen Seite die Courtagen (Maklerprovisionen) sowie Börsenabgaben und -steuern, und auf der anderen Seite «weiche Kosten» wie mangelnde Marktliquidität, grosse Geld-/Briefspannen und ähnliches. Da in vielen Fällen die bankeigene Fondsgesellschaft gehalten ist, die Börsengeschäfte mit der Börsenabteilung der Bank selbst zu tätigen, ist im Bereich der «weichen Kosten» jeglichem Versteckspiel Tür und Tor geöffnet und die Kontrolle ist oft gleich null. Die Skandale, die wir in den letzten Jahren im Anlagefondsbereich erlebt haben, sind deswegen nicht ganz zufällig. Wahrscheinlich ist es vernünftig, davon auszugehen, dass im Bereich der Transaktionskosten noch einmal Belastungen des Fonds in der Grössenordnung von 2,0 bis 2,5% der angelegten Mittel per annum anfallen.[48]

Konservativ gerechnet – wir haben ja beispielsweise noch keine performance-abhängigen Gebühren berücksichtigt –, können wir so auf Kosten unseres Anlagefonds im ersten Jahr von 5% oder mehr (2,5% Ausgabekommission, 2% TER, 1% Transaktionskosten) kommen.

Wenn wir nun bedenken, dass uns eine Konto/Depot-Bankbeziehung, die wir ja brauchen, um die Fonds zu deponieren, auch noch etwas kostet, dann verursacht unser Fonds wahrscheinlich leicht Gesamtgebühren, die für das erste Jahr im Bereich von 5–6% und für die weiteren Jahre um die 4% liegen.

---

47 DEN OTTER (siehe Fussnote 46).
48 Siehe DEN OTTER (Fussnote 46), S. 175.

Natürlich sind diese Zahlen sehr grob und sind Geldmarktfonds wie auch ein grösserer Teil der Rentenfonds günstiger. Aber gerade die Tatsache, dass wir mit Durchschnittswerten arbeiten, zeigt, dass es auch wesentlich teurer sein kann. Im Weiteren ist es – wie mehrfach betont – in diesem Bereich ausgesprochen schwierig, die notwendige Transparenz zu erhalten. Mit anderen Worten: Watch out! Wenn man nicht aufpasst, hat man am Schluss tatsächlich die Schwankungen eines Aktienfonds und die Rendite eines Obligationenfonds.

Vielleicht sind diese Zahlen aber auch ein Grund dafür, dass viele Anleger immer wieder das Gefühl haben, die in den ersten Kapiteln aufgezeigten Renditen an den Kapitalmärkten seien irgendwie doch nicht vergleichbar mit dem, was sie längerfristig an den Finanzmärkten verdient hätten.

Wie lösen wir dieses Problem?

Zunächst müssen wir uns von der Illusion befreien, der Index als solches sei die allumfassende «Nach-Kosten-nach-Steuern-nach-Allem-Messlatte». Bei der Kapitalanlage fallen für jeden Anleger Steuern und Gebühren bzw. Produktekosten an. Wenn wir in den obigen Kapiteln fast ausschliesslich mit den Indizes arbeiten, dann deswegen, weil die anfallenden Steuern, aber auch die anfallenden Kosten für jeden Anleger unterschiedlich sind und wir dies bei der Analyse nicht berücksichtigen können. Es ist aber offensichtlich geworden, dass die Herstellungs- oder Produktekosten – wenn man diesen Ausdruck hier benutzen darf – eine nicht zu vernachlässigende Rolle spielen: je tiefer die zu erwartenden Renditen, desto deutlicher.

Im Bereich der Anlagefonds nahen Konstrukte sind in den letzten Jahren Produkte entstanden, die einen Teil der oben genannten Gebührenprobleme zumindest mildern. Das beste Beispiel hierfür sind die so genannten ETFs (Exchange Traded Funds), die oft auch Index-Aktien genannt werden. Exchange Traded Funds sind eine valable, vor allem aber günstige Alternative zu den traditionellen Anlagefonds, insbesondere auch zu den Indexfonds.

Im Prinzip handelt es sich hierbei um passiv gemanagte Anlagefonds, die die Vorteile von Indexfonds einerseits und von Aktien andererseits verknüpfen, die jeweiligen Nachteile jedoch aussparen. Im Gegensatz zu einer einzelnen Aktie erwirbt der Investor beim Kauf eines ETF mit einer einzelnen Transaktion einen ganzen Aktienkorb, der im Normalfall einen ganzen Index abbildet. Auf diese Weise können die zwei wesentlichen Risiken der Aktien- bzw. Fondsanlage reduziert werden: Das unsystematische Risiko der Einzelaktien, von dem wir gelernt haben, dass es sich nicht auszahlt, und das Performancerisiko eines aktiven Fonds, das sich ja oft auch nicht lohnt, weil der aktive Manager – wie wir gesehen haben – den Index nicht schlägt. Zusätzlich bieten die ETFs ein für Fonds aussergewöhnliches Preiskonzept: Für den Börsenhandel von ETFs wird kein Ausgabeaufschlag berechnet und die jährlichen Verwaltungskommissionen liegen im Bereich von etwa 0,15% per annum für Obligationen-ETFs und 0,15 bis 0,5% für Aktien-ETFs. Und damit hat es sich im Prinzip schon. Das heisst, diese Zahlen repräsentieren bereits die oben eingeführte TER (Total Expense Ratio). Das einzige, was hier noch dazukommt, sind die Courtagen bzw. die einmalige Maklerprovision beim Kauf des ETF selbst und diese liegen in der Regel bei weniger als einem Prozent. Übersichtlich, sauber, transparent.

Im Bereich der Aufsicht werden die zum Vertrieb zugelassenen ETFs einerseits von der jeweiligen Fonds-Aufsichtsbehörde reguliert, und andererseits unterliegen die Primär- und Sekundärnotierungen sowie der Handel den jeweiligen einschlägigen Börsenbestimmungen.

Diese Vorteile sind es, die diese eigentlich hybriden Produkte zu einem hoch präzisen, schnell handelbaren Anlageinstrument zu fairen Preiskonditionen gemacht haben.

Entwickelt wurden die ETFs in den späten 80er-Jahren von Handelsabteilungen von Investment Banken in den USA, die ihr Geld nicht über Management Fees und Bestandeskommissionen, sondern vor allem im Bereich der Maklerprovisionen (Courtagen) verdienen.

Trotz der offensichtlichen Vorteile sind ETFs bei vielen privaten Anlegern (noch) nicht sehr populär. Der Hauptgrund liegt darin, dass sie im Anlagebereich der Banken oft nicht aktiv beworben werden, denn sie stehen ja in direkter Konkurrenz zu den aktiv bewirtschafteten – und viel teureren – Anlagefonds. Wegen ihrer Kostenstruktur bringen ETFs den Vermögensverwaltungs-Banken natürlich wesentlich weniger ein. Da sie weder Bestandes- noch Umsatzprovisionen generieren, haben weder die Vermögensverwalter noch die zahlreichen Anlageberater und Wiederverkäufer ein echtes Interesse, die ETFs zu propagieren. Institutionelle Anleger, die oft direkt mit den Investment-Banken arbeiten, verwenden solche Vehikel aber immer häufiger und zum Teil in grossem

Stil. Tatsächlich floriert dieser Produktetyp an den globalen Finanzmärkten in den letzten Jahren viel stärker als irgendein anderes Segment. Ähnlich wie die Hedge Funds, von denen aber die ganze Welt spricht, weil sie in grossem Stil Verwaltungskommissionen generieren. Die Abbildung 7.1 soll das Wachstum der ETFs illustrieren.

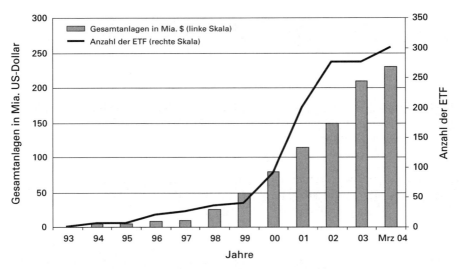

Abb. 7.1: Weltweites Wachstum von Exchange Traded Funds

Derzeit sind weltweit rund 250 Milliarden US-Dollars in annähernd 300 ETFs investiert. Allein an der Schweizer Börse werden gegenwärtig (Sommer 2004) 19 verschiedenen ETFs gehandelt. Ohne Zweifel lösen diese Anlagevehikel einen Teil der oben genannten Kommissionsprobleme und bilden damit am ehesten die Performance der Indizes ab, die wir in den theoretischen Teilen verwendet haben. In diesem Sinne gehören sie wahrscheinlich zu den besten Anlageinstrumenten, die ein privater Anleger zur Realisierung einer traditionellen Anlagestruktur im Augenblick kaufen kann.

Die «Alternativen»?

Es hat sich oben gezeigt, dass eine Analyse der Kostenstruktur schon bei den traditionellen Anlagen ein recht komplexes Unterfangen ist. Sobald wir zu den «Alternativen», sprich zu den Hedge Funds, zu Private Equity, strukturierten Anlagen und ähnlichem kommen, wird die Sache noch etwas komplexer, vor allem aber noch wesentlich heterogener. Generelle Aussagen sind ausgesprochen schwierig zu machen, aber gerade deswegen ist es vielleicht ein Versuch wert.

Starten muss die Analyse der Kosten- und Fee-Struktur beispielsweise eines Hedge Funds sicher mit dem Prospekt oder dem so genannten Offering Memorandum, die es von unterschiedlichsten Vehikeln zu Hunderten gibt. Unter den dort aufgelisteten Kommissionen finden sich nicht selten Management Fees von 2 Prozent per annum plus einer so genannten Incentive Fee d.h. einer erfolgsabhängigen Gebühr, die bis zu 25 Prozent des Kursanstieges ausmachen kann. Sollte dann die Brutto-Performance tatsächlich im Bereich von 10 Prozent liegen, wie dies oft kolportiert wird, wären schon mal 4,5 Prozent per annum fällig. Mehr beiläufig steht in einem Nebensatz eines «Private Offering Memorandum» einer typischen Hedge-Fund-Offerte[49], dass «... the fund shall pay the Administrator a monthly fee as may be agreed from time to time between the Fund and the Administrator as set out in the Administration agreement valid from time to time.» Solche Nebensätze bedürfen unter dem Kapitel «Fees» keiner weiteren Bemerkungen.

Neben der Management Fee kann eine einmalige Zeichnungskommission von bis zu 2 Prozent erhoben werden. Unter dem Titel «Other Operating Expenses» werden alle möglichen sonstigen Kostenfaktoren wie juristische Beratung, Audit, Spesen, Werbekosten etc. aufgeführt, die zwar nicht einfach zu quantifizieren sind, aber letztlich die Kosten für den Anleger in eine Höhe treiben, bei welcher die Anlagestrategie schon sehr viel Rendite abwerfen muss, damit für den Anleger noch etwas übrig bleibt. Ganz nebenbei sei noch bemerkt, dass uns die internationale Regenbogenpresse ja gelegentlich am Spesenverständnis einzelner

---

49 Der Name des Hedge Funds soll hier aus Fairnessgründen nicht genannt werden. Das vorliegende Offering Memorandum ist aber durchaus eine Standardversion.

Hedge-Fund-Manager teilhaben lässt. Irgendjemand bezahlt diese Eskapaden.

Ohne hier weiter auf einzelne dieser Vehikel eingehen zu wollen – wir haben oben bereits betont, dass es tausende davon gibt –, sei einfach bemerkt, dass es wohl sinnvoll ist, sich die Details solcher Geschichten *selbst* sehr gut anzusehen, bevor man sein Geld überweist.

Wenn eine pauschale Aussage hier erlaubt sei, dann ist es wahrscheinlich vernünftig, sich wiederum auf die Londoner Anlagefondsspezialisten von Fitzrovia zu beziehen, die zum Schluss kommen, dass im Hedge-Fund-Bereich im Durchschnitt mit einer TER (Total Expense Ratio) von knapp unter 4 Prozent zu rechnen ist und damit ein Hedge Fund etwa 80 Prozent mehr kostet als ein aktiv verwalteter Aktienfonds.[50] Dabei sei nur beiläufig wiederholt, dass die Total Expense Ratio, wie sie von Fitzrovia berechnet wird, noch keineswegs alle Kostenelemente, die für den Anleger letztlich anfallen, enthalten. Im Falle der Hedge Funds sind es insbesondere die performance-abhängigen Gebühren, die nicht enthalten sind aber im Normalfall noch einmal zwischen 10 und 25 Prozent der Wertsteigerung abschöpfen. Brave New World!

Nun ist das einzelne Hedge-Fund-Konstrukt das eine, die Tatsache, dass man aber auch in diesem Bereich sinnvollerweise möglichst breit diversifiziert, noch etwas anderes. Auch dies ist in den letzten Jahren zu einem grossen Business geworden.

Mehr und mehr entstehen so genannte Dachfonds oder Funds-of-Hedge-Funds, bei welchen unterschiedliche Hedge Funds und/oder Hedge-Fund-Strategien zu eigenständigen Konstrukten gebündelt werden. Unglücklicherweise reduzieren sich dabei aber natürlich die Kosten für den Anleger in keiner Art und Weise. Ganz im Gegenteil. Für das Research, bzw. für die Bündelung der Funds werden Managementgebühren zwischen 1 und 2 Prozent und in der Regel noch einmal eine Gewinnbeteiligung von 10 Prozent verrechnet. Zusätzlich zu den Kosten und Gebühren der Basis-Hedge-Funds.

Es ist wohl kaum übertrieben zu vermuten, dass aus all dem jährliche Kosten im Bereich von zwischen 5 und 10 Prozent anfallen. Wohlgemerkt noch *ohne* die Platzierungskommissionen, die in vielen Fällen bei

---

50 Vgl. Press Release von Fitzrovia vom 5. Januar 2004.

den Alternativen mindestens in gleicher Höhe anfallen wie bei den traditionellen Anlagen und somit gut und gerne bis zu fünf Prozent betragen. Wen wundert's, dass in den letzten Jahren die alternativen Anlagen in so wunderbaren Farben und verführerischen Tönen angepriesen wurden.

Es ist erstaunlich, wenn schon Banken selbst auf einige der Missstände im Funds-of-Hedge-Fund-Bereich aufmerksam machen. So schreibt eine Zürcher Privatbank in ihrem Market Letter vom September 2003: «Ohne grosse eigene Kompetenz – sieht man von der statistischen Auswertung des Fonds-Universums und der Asset-Allokation auf die verschiedenen Investment Stile ab – und ohne eigene Verantwortung übernehmen zu müssen, lassen sich erkleckliche Kommissionen von 2 bis 3% per annum erzielen. Branchenkenner gehen auch davon aus, dass Banken respektive Manager von Funds-of-Hedge-Funds zudem von einzelnen Hedge Fund Managern für ihr Engagement einen beträchtlichen Anteil an deren Management Fees und Erfolgsbeteiligungen fordern, welche oft direkt den Managern und nicht dem Fundsvermögen zufliessen.»

Es ist schade, wenn ein an sich auch analytisch interessantes Anlagekonstrukt, das durchaus in speziellen Anwendungen zu einer interessanten Bereicherung eines diversifizierten Portfolios führen kann, durch solche Spielereien verunglimpft wird.

Kompetente und fair agierende Mitbewerber auf diesem Gebiet, das für den Anleger durchaus Mehrwert schaffen könnte, sollten sich wesentlich stärker als bisher dafür einsetzen, dass dieses Segment des Finanzplatzes gesäubert wird. Sie könnten sonst ihre eigene Existenz gefährden. Zum gegenwärtigen Zeitpunkt ist es jedenfalls nicht so, dass alle diese Konstrukte der privaten Anlagekundschaft ehrlich und unbesehen empfohlen werden können.

Es war noch nie alles Gold, was glänzt. Hier scheint es aber ganz speziell darauf anzukommen, von welcher Seite man schaut.

Schlussbemerkung

Anlageprodukte und Anlageberatung gibt es nicht umsonst. Aber anders als beim Anwalt und beim Steuerberater ist der Anleger im Normalfall nicht bereit, die Beratungstätigkeit einzeln abzugelten. Dies liegt daran, dass bekannt ist, dass sich der Berater über die verkauften Produkte schadlos halten kann. Darüber herrscht mehr oder weniger Einigkeit und die Industrie hat sich auch entlang dieser Linien entwickelt. Interessanterweise hat sich dabei einerseits noch immer ein relativ hoher Grad an Intransparenz halten können und haben andererseits die Economies-of-Scale-Effekte, die durch den gewaltigen Anstieg der anlagesuchenden Mittel zu erzielen waren, offensichtlich nicht zu einer wesentlichen Senkung der Kommissionen, sondern vor allem zu einer Erhöhung der Margen im Privatkundengeschäft geführt.

In einem Umfeld, in welchem wir in den nächsten Jahren eher tiefere Renditen als über die letzten rund 30 Jahre erwarten – also Aktienrenditen, die eher im Bereich von 6 Prozent als der «historischen» 7 bis 10 Prozent liegen –, ist der Aspekt der Kosten und Gebühren der Anlageberatung und der Anlageprodukte höchst relevant. Dies geht auf Seiten der Banken mit einer Tendenz einher, die Gebühren einerseits direkt oder indirekt durch Vermarktung «teurer Produkte» eher noch zu erhöhen. Entsprechend muss sich der Anleger generell vermehrt mit der Frage der Kosten und Gebühren auseinandersetzen und dafür sorgen, dass Fairness und Transparenz mit zu einem Faktor der Produkteauswahl und vielleicht sogar der Asset Allocation werden. Eine gute Performance sollte nicht nur Papier und Werbemagazine zieren, sondern ihren Weg bis ins Depot des Anlagekunden finden.

«Bringing it all together»:
Eine Zusammenfassung

Die Jahre um und nach dem Milleniumswechsel haben viele Anleger ratlos werden lassen. Zu euphorisch war die Entwicklung der zweiten Hälfte der 90er-Jahre. Allzu viele waren auf den fahrenden Zug aufgesprungen, ohne sich Rechenschaft darüber zu geben, dass hohe Renditen an den Aktienmärkten im wahrsten Sinne des Wortes erlitten werden wollen. Alles, was irgendwie positiv interpretiert werden konnte, wurde hervorgehoben. Alles Negative wurde ignoriert. Dieses Phänomen findet sich oft bei kurzfristigen Verwerfungen an den Aktienmärkten. Mitte der 90er-Jahre wurde dieses Denkmuster aber auch für die längerfristigen Erwartungen zur Norm. Das noch junge Forschungsgebiet der «Behavioural Finance», das nicht zuletzt die psychologischen Triebfedern des Verhaltens der Individuen an den Finanzmärkten erforscht, bietet für vieles, was sich während der «Golden Nineties» ereignet hat, interessante Erklärungen. Begriffe wie «Overconfidence», «Mentales Accounting», «Myopie» oder «Herding» gehören heute genau gleich zur Nomenklatur an den Finanzmärkten wie «Diversifikation» oder «Korrelation».

Mit all diesen Begriffen wollten wir den Anleger aber im vorliegenden Buch nicht konfrontieren und damit noch weiter verunsichern. Wir hatten ein ganz anderes Ziel. Wir wollten vielmehr eine Antwort finden auf die kürzlich in einer interessanten Arbeit von MARC BROST und MARCUS ROHWETTER gestellte Frage, «... warum wir beim Reichwerden immer wieder scheitern.»[51] Sie empfehlen eine intensivere Beschäftigung mit Geld (-anlagen) und sich weniger auf irgendwelche selbsternannten Berater zu verlassen – die in der Regel ja an den Märkten auch nicht reich geworden sind –, sondern das Steuer selbst in die Hand zu nehmen.

---

51 BROST, M./ROWETTER, M.: Das grosse Unvermögen, warum wir beim Reichwerden immer wieder scheitern, Wiley, 2004.

Dabei will das vorliegende Buch Unterstützung bieten. Wir beginnen mit einer historischen Analyse, die versucht, die schwierigen Jahre des Erwachens vom Börsenhype der späten 90er-Jahre in die längere Geschichte der Finanzmärkte der letzten fünfzig bis zweihundert Jahre einzubetten. Wir tun dies deswegen, weil wir der Meinung sind, dass die Finanzmarktgeschichte Komponenten enthält, die sich in ähnlicher Art und Weise wiederholen und von denen wir darum lernen können. Diese Wiederholungen treten eher unregelmässig auf und sind daher nicht leicht zu identifizieren. Für die kurzfristige Analyse und damit für das Suchen nach kurzfristigen Gewinnchancen sind sie uninteressant und unbrauchbar. Damit sind sie aber auch uninteressant für eine Anlageberatung, die mehrheitlich auf Umsätze und Kommissionen schielt, oder für die boulevardeske Begleitung der Aktienmärkte durch die Medien, die eher auf Effekthascherei und Einschaltquoten denn auf langfristig-strategische Fragestellungen ausgerichtet sind.

Interessant sind diese historischen Regularitäten für den langfristig orientierten Anleger. Für den, der sich bewusst ist, dass er mit seinen Anlagen weit in die Zukunft schauen muss, weil das gesetzliche Rentensystem in der langsam vergreisenden Schweiz oder der Altenrepublik Deutschland ihm über kurz oder lang seinen Lebensstandard nicht mehr wird finanzieren können. Für den Anleger auch, der weiss, dass er für das Eingehen höherer kurzfristiger Risiken über kurz oder lang durch höhere Erträge entschädigt wird.

Die längerfristige Orientierung ermöglicht es einem solchen Anleger, durch den Nebel der kurzfristigen Verwerfungen hindurchzublicken und sich nicht durch Moden und Mythen von seinem langfristigen Weg abbringen zu lassen. Kommt hinzu, dass das Verharren an einer längerfristigen Strategie – so langweilig dies erscheinen mag – im Zweifelsfall weniger (Kommissionen) kostet. Der aktive Beobachter der Anlageszene der letzten Jahre kann sich nämlich des Eindruckes nicht ganz erwehren, dass einzelne der neu entstandenen Anlagemoden oder Investmentprodukte eher mit einem Seitenblick auf Kommissionsstrukturen entstanden sind, als durch den Wunsch, den Anlagekunden ihre legitimen längerfristigen Bedürfnisse abzudecken.

1.

Im *ersten Kapitel* geht es darum, die Kurs- oder Zeitreihengeschichte einiger Aktienmärkte aufzuarbeiten. Dabei haben wir vornehmlich mit historischen Daten für die USA (1800–2003), die Schweiz (1925–2003) und Deutschland (1948–2003) gearbeitet, wo es aber sinnvoll erschien, auch eine Reihe anderer Länder und anderer Zeitperioden zu Rate gezogen. In allen Fällen haben wir dabei interessante Muster gefunden. Die Aktienmärkte waren über längere Sicht den Obligationen- oder Rentenmärkten ertragsmässig immer überlegen. Die errechneten Renditezahlen lagen im Bereich von rund sieben bis zwölf Prozent per annum bei den Aktien und rund drei bis sieben Prozent per annum bei den Obligationen. Inflationsbereinigt fanden wir bei einer Anzahl von Ländern Obligationenrenditen, die über die letzten hundert Jahre im Durchschnitt negativ waren. Auch hier lagen die Aktienrenditen aber in jedem Fall höher als die Renditen bei den Renten – und sie lagen immer im positiven Bereich. Die so genannte Risikoprämie war mit anderen Worten immer positiv. Dies bedeutet, dass man für die hohen kurzfristigen Ertragsschwankungen der Aktien – oder eben für den Ärger, den sie gelegentlich produzieren – längerfristig belohnt wurde. Wir haben in diesem Kapitel auch einige «Lausbubereien» aufgedeckt, sei dies nun bei der grafischen Aufarbeitung von Indexgrafiken oder bei der fälschlichen Verwendung von Preis- anstelle von Gesamtertrags-Indizes für längerfristige Vergleiche unterschiedlicher Anlagekategorien.

2.

Das *zweite Kapitel* thematisiert die wirtschaftlichen Triebfedern der Aktienmarktentwicklung. Da sich die weltweiten Finanzmärkte nicht im luftleeren Raum abspielen, sondern in irgendeiner Art und Weise die wirtschaftliche Situation der jeweiligen Länder widerspiegeln, müsste ein wirtschaftliches Modell dargestellt werden können, welches die längerfristige Tendenz dieser Märkte erklären kann. Wir haben ein einfaches Dividenden-Diskontierungs-Modell skizziert, das diese Ansprüche erfüllen kann. Mit Hilfe der Entwicklung der langfristigen Zinsen sowie der Unternehmensgewinne konnten wir ein Gleichgewichtsmodell skizzieren, welches die längerfristige Tendenz der Aktienmärkte in zufriedenstellender Art und Weise erklären konnte.

Nun sind längerfristige Tendenzen das eine, die kurzfristigen Schwankungen um diese Tendenzen aber etwas völlig anderes. Es ist eine Tatsache, dass die Abweichungen von den langfristigen Trends nicht nur sehr gross sind, sondern vor allem auch lange andauern können. Und hier treffen sich die Kapitel eins und zwei. Mancher mag nämlich einwenden, dass es kaum etwas nützt, wenn man zwar weiss, wo sich der Aktienmarkt längerfristig hinbewegt – weil er das historisch immer schon so getan hat –, man aber vor Erreichen der langen Frist entweder tot oder bankrott ist. Solche Einwände sind ernst zu nehmen und führen zur Frage, wie lange denn wohl die «lange Frist» in etwa dauere. In der wissenschaftlichen Literatur gibt es hierzu nicht wirklich Einigkeit. Eine statistische Analyse im Kapitel zwei zeigt aber auf, dass man zumindest davon ausgehen kann, dass die Wahrscheinlichkeit, mit einem Aktienengagement nach 10 Jahren noch «unter Wasser» zu sein, in den meisten Ländern sehr gering ist.

Muss das immer so sein? Natürlich nicht. Dies ist aber die Information, die uns die Geschichte der Aktienmärkte in den wichtigsten Ländern immer wieder bestätigt. Es ist nicht einzusehen, warum dies in den nächsten Jahrzehnten anders sein sollte als im Durchschnitt der letzten 100 Jahre.

Trotzdem muss sich eine Analyse der Finanzmärkte auch mit den Über- und Untertreibungen, den «Fads and Fashions» und spekulativen Verirrungen und Verwerfungen beschäftigen, die diesen Märkten eigen sind. Denn auch sie gehören zu dem, was beim «finanzhistorischen Lernen» eine Rolle spielen kann.

Wir haben im Kapitel zwei zwischen institutionellen und psychologischen Faktoren unterschieden, welche die Verwerfungen der Preise nach unten oder oben auslösen können. Bei den institutionellen Faktoren haben wir das Beispiel einer Lebensversicherung aufgenommen, an dem gezeigt werden konnte, dass ein allzu enges Korsett der Rechnungslegung dazu führen kann, dass Versicherer immer gerade dann Aktien verkaufen, wenn diese aus fundamentaler Sicht besonders günstig erscheinen, und sie immer gerade dann kaufen, wenn sie besonders teuer sind. Es wurde aufgezeigt, dass dies nichts mit Kompetenz oder Inkompetenz der involvierten Abteilungen zu tun hat, sondern mit einem inadäquaten Rechnungslegungsstandard, der heute mehr von Buchhaltern und Controllern bestimmt wird, als von Leuten, die finanzielle Führung aus einer übergeordneten Warte betrachten. Das Resultat ist eine prozyklische Anlagestrategie, die ähnlich ausschaut wie eine so genannte Portfolio Insurance. Und genauso, wie die Portfolio-Insurance-Strategien einiger institutioneller Anleger mit verantwortlich zeichnen für den Crash an den Aktienmärkten im Herbst 1987, so zeichnet eine ähnliche Strategie der Versicherer in Kontinentaleuropa mit verantwortlich für den Zusammenbruch der Aktienmärkte im Jahre 2002.

Bei den psychologischen Aspekten von Kursübertreibungen wurde vor allem mit den aus der «Behavioural Finance» entlehnten Begriffen «Kurzsichtigkeit» und «Herdenverhalten» argumentiert. Es wurde aufgezeigt, dass diese beiden Elemente wichtige Auslöser kurzfristig ungebremster Kursentwicklungen sein können, die dem längerfristig orientierten Anleger aber jeweils hervorragende Handlungsoptionen eröffnen.

Ein weiteres interessantes Phänomen, das in den Bereich der Psychologie hineingeht, ist die Mühe, die viele Marktteilnehmer mit Renditeverteilungen und vor allem mit den Extremwerten dieser Verteilungen bekunden. Dies führt dazu, dass in zahlreichen Extremsituationen die Anlageberatung gerade auf der gegenüberliegenden Seite dessen liegt, was der langfristig orientierte Investor eigentlich tun sollte. Nach einer Anzahl unterdurchschnittlicher Jahre wird oft Kapitalerhaltung und Absicherung nach unten gepredigt, obwohl doch die Märkte bereits stark korrigiert haben. Und «nach oben» dann genau das Gegenteil: Wenn die Märkte exorbitant angestiegen sind, wären doch eigentlich Absicherungen nach unten vorzunehmen – im Zweifelsfall dadurch, dass man einen Teil des weiteren «Upside» opfert. Stattdessen werden dort die kurzfristig orientierten Anleger (und ihre Berater) immer gieriger und produzieren in der Endphase das, was man oft despektierlich eine Hausfrauen-Hausse nennt. Genau dies sind aber die Elemente, die der Wirtschaftsnobelpreisträger Kahneman meint, wenn er behauptet, die Leute seien unfähig, an der Börse zu lernen.

Diese Überlegungen scheinen der Bank- und Beratungsindustrie ein schlechtes Zeugnis auszustellen: zu kurzfristig, falsche Empfehlungen zur falschen Zeit, zu sehr auf Kommissionen aus, falsche Anreizstrukturen und so weiter. Die Skandale, die in den letzten Jahren im Investment Banking oder bei den Anlagefonds aufgedeckt wurden und immer noch werden, weisen in die gleiche Richtung. Andererseits sollten wir aber beachten, dass die Anlagekunden selbst auch Verantwortung tragen für diese systemimmanenten Probleme. Ein mancher Bankkunde hat sich in den letzten Jahren arg beklagt, wenn er nicht regelmässig Anrufe von seinem Bankberater bekommen hat mit den neuesten «heissen Tipps» oder den neuesten Anlagemoden. Viele dieser Kunden unterliegen immer noch und immer wieder der Illusion, die Bankberater müssten über Informationen verfügen, die es ermöglichen, an den Märkten «einfach so» hohe Erträge zu generieren. Folglich sollte ein entsprechender Anruf im Zweifelsfall die Kasse zum Klingeln bringen. Solche Anleger sollten sich zunächst einmal fragen, warum Anlageberater ihr Geld noch immer als Bankangestellte verdienen, wenn es so leicht ist, mit irgendwelchen Informationen rasche Gewinne zu erwirtschaften. So einfach ist die Sache eben nicht.

3.

Im *Kapitel drei* versuchen wir, mit einer Erläuterung der so genannten Theorie der effizienten Märkte einige dieser Missverständnisse zu klären. Die Theorie besagt, dass sich an den Finanzmärkten jegliche neue Information, die irgendwelche Relevanz beanspruchen darf, sofort in den jeweiligen Kursen niederschlägt, und dass man entsprechend weder Bankanalysen noch Börsenbriefe oder ähnliches für erfolgreiches, kurzfristiges Traden brauchen kann. Bis die Analysen erscheinen, ist die «Sache» im Normalfall bereits gelaufen.

Wenn sich neue Information unverzüglich im Preis niederschlägt, dann werden sich die Preise in ähnlich zufälliger Manier verändern wie die Informationen selbst. Entsprechend darf ein Anleger nicht damit rechnen, dass die Befolgung irgendwelcher kurzfristiger Tipps, nach all den Kosten, die ihm dadurch entstehen, systematisch etwas zu seiner Anlagerendite beitragen kann. Wichtig ist auch, dass es für die relevante Information keine Ausschlussrestriktionen gibt. Jeder hat an den heutigen Märkten unbeschränkt und gleichzeitig Zugang zu neuer Information. Dafür sorgen – je länger je mehr – auch die Aufsichtsbehörden. Dies ist ein relevanter Aspekt auch und gerade für die privaten Anleger, die oft das Gefühl haben, die Institutionellen oder sonstigen «Grossen» hätten relevante Informationen immer etwas früher, um noch rasch die «Schnäppchen» ins Trockene zu bringen, bevor die «Kleinen» kämen, um die Brosamen vom Tisch der Profis aufzuheben. Wenn dem so wäre, hätten die «Grossen» – vor allem aber auch die Portfoliomanager der Banken selbst – im Durchschnitt wohl eine bessere Performance als sie effektiv erzielen.

Wir haben im dritten Kapitel einiges an empirischer Evidenz für diese Hypothesen zusammengetragen. So gelingt es im Durchschnitt auch den Managern der grössten Publikumsfonds nicht, systematisch eine wie auch immer spezifizierte Messlatte (Benchmark) oder einen Index bezüglich Rendite zu übertrumpfen. Weit über fünfzig Prozent der Aktienfonds kosten zwar mehr als passiv verwaltete Indexanlagen, sind ihnen aber renditemässig mehr oder weniger systematisch unterlegen. Für Privatanleger gilt dies natürlich genauso. B. BARBER und T. ODEAN haben kürzlich eine Studie publiziert, in welcher sie 65 000 Haushalte, die relativ aktives «Rein-und-Raus» an den Aktienmärkten betreiben, über ihre Erfahrungen befragt haben. Der Titel ihrer Studie fasst die Ergebnisse besser zusammen, als wir es hier tun könnten. Er lautet: «Trading is hazardous for your wealth», oder etwas salopp übersetzt: Allzu viel (handeln) ist ungesund (für ihr Vermögen).[52]

Auf längere Sicht sind die temporären Informationsschübe oder zumindest deren kurzsichtige Interpretation, die ja oft die Basis einer übersteigerten (Handels-) Aktivität sind, irrelevant. Entsprechend spielen die kurzfristigen Schwankungen der Märkte für einen vernünftigen Anlageprozess auch nicht wirklich eine Rolle. Für einen rationalen Anleger gibt es deswegen kaum eine Alternative zu langfristig-strategischem Denken und strikter Anlagedisziplin.

4.

Im *vierten Kapitel* haben wir einige Regeln näher betrachtet, die einerseits bei Börsenpraktikern, andererseits aber auch in der akademischen Literatur immer wieder auftauchen. Sie handeln von unterschiedlichen Saisonregularitäten sowie zum Teil von fundamentalen Fehlbewertungen, mit denen man versucht, auch kurzfristig die Marktindizes zu übertreffen. Wir haben aufgezeigt, dass ein Teil dieser vermuteten Ineffizien-

---

52 BARBER, B. M./ODEAN, T.: Trading is hazardous to your Wealth: The Common Stock Investment Performance of Individual Investors, Journal of Finance, 2000.

zen nur mehr auf statistische Artefakte zurückzuführen sind und nie und nimmer die Basis einer langfristigen Anlagestrategie sein können.

Die Ableitungen in den Kapiteln drei und vier und die darin enthaltenen Verhaltensmaximen des langfristigen, relativ passiven aber dafür umso disziplinierteren Anlegens klingen einfach und einleuchtend, sind aber nicht ganz trivial. Zu stark ist die Versuchung, irgendwelchen Ideen und Moden zu folgen und sich von Marketingbroschüren oder den eigenen Emotionen blenden zu lassen. Zu sehr führen einzelne, sich immer wieder einstellende Erfolge und die emotional unterschiedliche Bewertung von Erfolg und Misserfolg («Mentales Accounting») dazu, die realen Verhältnisse an den Märkten sowie deren Effizienz aus den Augen zu verlieren.

Deswegen lauten die Schlussfolgerungen für einen Anleger, der sich für eine systematische Anlagestrategie in Aktien entschieden hat, folgendermassen:

- Ein langer Anlagehorizont, um sich die kurzfristige Volatilität leisten zu können. Wer nicht für die zehn Jahre, die wir als «langfristigen Horizont» identifizieren, investieren kann, sollte keine Aktien kaufen.

- Ein starker Magen, guter Schlaf und vernünftige Buchführungskonzepte, um die kurzfristigen Schwankungen auszuhalten. Die Hoffnung, die Schwankungsbreiten würden in der Zukunft kleiner werden als sie in der Vergangenheit waren, ist absurd. Die leicht höhere Rendite von Aktien gegenüber Renten wird auch in Zukunft erlitten werden müssen.

- Entgegen allen Ratschlägen der Bank- und Beratungsindustrie ist eine Strategie des Kaufens-und-Haltens (Buy-and-Hold) kurzfristigem Aktivismus vorzuziehen, weil Timing und das Setzen auf irgendwelche Phantasiewetten nur einen Haufen Geld kostet und im Zweifelsfall nichts bringt.

- Eine breite Diversifikation – am besten mit Indexprodukten –, um unsystematische Risiken zu vermeiden, für die man im Normalfall nicht durch zusätzliche Erträge belohnt wird.

Bei Einhaltung dieser Anlagedisziplin sollte es gelingen, im Rahmen der sich über die Zeit vermindernden Verlustwahrscheinlichkeiten, nach ein paar Jahren Vermögensrenditen zu ernten, die den dargestellten historischen Durchschnitten entsprechen. Im Übrigen wäre dies eine Strategie, um die man sich nicht täglich zu kümmern hätte. Einmal aufgebaute Positionen belässt man, wenn sich nicht wesentliche strategische Elemente verändern, und Änderungen nimmt man erst dann vor, wenn zusätzliche Gelder angelegt werden müssen.

So weit so gut. Nun sind sich aber wohl die Meisten, die an diesen Märkten in den letzten Jahren gearbeitet, gewonnen und verloren haben, darüber einig, dass dies noch nicht «der Weisheit letzter Schluss» sein kann. Schliesslich *gibt* es ja die Performance «rechts vom Durchschnitt». Auch wenn wir vielleicht mehr erwartet hätten, übertreffen immerhin fast fünfzig Prozent der aktiven Fonds-Manager in einem einzelnen Jahr ihre Benchmark, und schliesslich *gibt* es die Peter Lynchs oder die Warren Buffets dieser Welt, von denen man immer wieder in der Wirtschafts- (und je länger je mehr auch in der Glamour-) Presse liest. Nicht zuletzt haben wir in den obigen Kapiteln auch immer wieder gewisse Ineffizienzen und Fehlbewertungen angetroffen, die man in einem längerfristigen Kontext durchaus ausnützen kann. Wir haben zwar einen Grossteil landläufiger Mythen widerlegt, stehen aber immer noch vor der Frage, wie die mehr oder weniger systematischen Über- und Untertreibungen im zweiten Kapitel oder die längerfristige Überlegenheit von Value gegenüber Growth im Kapitel vier zu bewerten sind. All dies sind Aspekte, die unsere Langfriststrategie, wenn nicht ausschliesslich prägen, so doch beeinflussen sollten.

Des Weiteren können und wollen wir uns vielleicht – wie seriös und diszipliniert wir auch immer an die Finanzmärkte herantreten – ab und zu einem gewissen spielerischen Element und einem gewissen spekulativen Nervenkitzel gar nicht entziehen. Solche Aspekte haben wir im ersten Teil des Buches bewusst aus unseren Überlegungen ausgeblendet. Dies aus zwei Gründen: Auf der einen Seite wird vielerorts dieses spielerische Element mit strategischer Kapitalanlage verwechselt, und auf der anderen Seite wollten wir zunächst eine klare Anlagedisziplin für den Aufbau strategischer Positionen empfehlen und die theoretische Basis hierfür legen. Eine Anlagestrategie wird langfristig nur dann erfolgreich sein, wenn sie sich an diese Grundprinzipien hält.

Dass man *daneben* noch versuchen will, Vermögenserträge über emotionale oder gar spekulative Elemente aufzubessern, ist legitim. Solange man sich bewusst ist, dass dies im Normalfall ausser einem grösseren Risiko (und vielleicht etwas Spass) nicht viel bringt. Wahrscheinlich interessiert aber bei diesen emotionalen Elementen der Normalfall gar nicht. Wichtig ist vielmehr, dass man bei einem solchen Vorgehen nie den Unterschied zwischen Strategie und kurzfristigem Aktivismus vergisst und nicht plötzlich wegen einzelner glücklicher Wetten alles auf eine Karte setzt.

Ein klar definiertes Kernportfolio, das vielleicht sechzig bis achtzig Prozent des Vermögens ausmacht und entsprechend den obigen Prinzipien verwaltet wird, und um dieses herum einige «Satelliten», mit denen man versucht, das Salz in die (Rendite-) Suppe zu geben, dürfte eine vernünftige Basis abgeben. Auch hinsichtlich der Performance sollte man damit richtig liegen. Mit dem Kern befände man sich in der Nähe der Indizes. Wenn man mit den «Satelliten» Glück hat, ist man besser als die Messlatte (und damit erfolgreicher als der grösste Teil der «Profis»), und wenn sie nicht das bringen, was man sich erhofft hat, verliert man mit ihnen wenigstens nicht allzu viel Geld.

5.

In den ersten Kapiteln wird mehrheitlich mit Aktien- und Rentenindizes argumentiert. Es ging ja insbesondere um die Entwicklungen und die Historie «des Marktes».

Leider ist es eine Tatsache, dass solche Indizes dem breiten Anlegerpublikum nicht viel sagen und gelegentlich auch wenig repräsentativ sind. Deswegen wird im *Kapitel fünf* der Frage nachgegangen, welche Einzeltitel ein vernünftiges Portfolio ausmachen. Auf diese Frage haben einerseits die einschlägigen Medien andererseits aber auch die Banken Antworten bereit. Man muss sich nur die unzähligen Kauflisten, «Hot Stocks», «Winner Lists» etc. ansehen, die allenthalben herumgereicht werden. Jede Tages- oder Wochenzeitung verfügt des Weiteren über irgendeine Anlagekolumne, in welcher der «Anlageonkel» seine Weisheiten zu einzelnen Dividendenwerten verkündet. Wem das alles nicht genügt, dem steht beispielsweise immer noch die Börsensendung der ARD vor der 20-Uhr-Tagesschau zur Verfügung, um ein «tagesaktuelles» Portfolio zusammenzustellen.

Leider wird der interessierte Anleger aber bald einmal feststellen, dass die in den verschiedenen Medien an einem Tag empfohlenen Titel sehr schnell wechseln und die Argumente für oder gegen eine Aktie oft schon veraltet sind, bevor die Druckerschwärze trocken ist. Im Übrigen haben wir ja inzwischen gelernt, dass es die «heissen Tipps» nicht gibt, weder in der Tageszeitung, der ARD noch sonst irgendwo.

Welche spezifischen Aktien sind es nun aber, auf die man sich konzentrieren sollte? Doch wohl die mit den soliden Finanzkennzahlen, der sauberen Corporate Governance, einer vernünftigen Produktpalette und einem Firmenimage, das ohne Fehl und Tadel ist.

Im Prinzip ja.

Bei der Zusammenstellung eines Aktienportfolios steht aber trotz alledem an erster Stelle immer das Prinzip der Diversifikation. Im fünften Kapitel wird analytisch (bzw. mit Hilfe von Grafiken) aufgezeigt, dass ein breit diversifiziertes Portfolio einer Einzelanlage immer überlegen ist. Anlagefonds und sonstige Kollektivanlagen mögen zwar nicht besonders interessant scheinen, bilden aber anlagestrategisch noch immer die Basisanlage schlechthin.

6.

Ein zeitgemässes Buch über Anlagestrategien und die Analyse der Finanzmärkte kommt nicht umhin, sich Gedanken über die Vor- und Nachteile alternativer Anlagen und hier insbesondere über Hedge Funds zu machen. *Kapitel sechs* beschäftigt sich mit der Frage, wie diese neuen Produkte und Strategien einzuschätzen sind und welche Rolle sie in einer langfristigen Anlagestrategie spielen können.

Die Hedge-Fund-Industrie hat in den letzten Jahren einen gewaltigen Boom erlebt. Während im Jahre 1990 knapp 40 Milliarden US-Dollar als Hedge Funds verwaltet wurden, waren es im Jahre 2002 bereits annähernd 700 Milliarden. Das wesentlich Neue an den Hedge Funds ist die Tatsache, dass sie sich nicht an irgendeiner Messlatte oder einer Benchmark – zum Beispiel einem Aktienindex – orientieren. Sie versuchen, einen absoluten, von der jeweiligen Marktlage unabhängigen Gewinn zu erwirtschaften. Im Gegensatz zu den Managern traditioneller Anlagefonds sind die Hedge-Fund-Manager sowohl in der Wahl der Märkte als auch der Instrumente oft völlig frei. Sie können in ein breites Spektrum von Anlageformen und Instrumenten investieren und agieren weltweit auf einer Vielzahl von Märkten. Sie handeln mit Aktien, Rohstoffen, Devisen, Obligationen und Derivaten wie Optionen, Swaps und Futures und können auf steigende oder fallende Kurse setzen und sind so in der Lage, eine stetige Wertsteigerung auch dort zu erzielen, wo traditionelle Anlagen an Wert verlieren.

Das klingt alles wunderbar und könnte fast eins zu eins einer Verkaufsbroschüre für Hedge Funds entnommen sein. Aber auch hier wachsen die Bäume nicht in den Himmel, die Finanzindustrie hat keineswegs die eierlegende Wollmilchsau erfunden und wer bis zum sechsten Kapitel durchgelesen hat weiss, dass man bei allzu blumiger Beschreibung von Renditemöglichkeiten etwas vorsichtig sein sollte. Denn es mag richtig sein, dass die Hedge-Fund-Industrie grosse Talente der Finanzindustrie angezogen hat. Mit Bestimmtheit hat sie aber die grössten Marketingtalente vorzuweisen.

Im Kapitel sechs werden die verschiedenen Möglichkeiten der Anlage in Hedge Funds vorgestellt und eine konstruktiv-kritische Auseinandersetzung mit den verschiedenen Strategien und Renditezusammenstellungen präsentiert.

Es wird aufgezeigt, dass zweifellos viele der Entwicklungen, die in den letzten Jahren aus dem Hedge-Fund-Bereich gekommen sind, in die richtige Richtung weisen. Auch bringen sie eine eindeutige Erweiterung der systematischen Basis der Portfolioanalyse in Richtung eines besseren Verständnisses der Risiko- und Rendite-Prozesse an den Finanzmärkten.

Trotzdem wird hier die Meinung vertreten, dass die gesamte Branche noch viel zu inhomogen und intransparent ist, um eine eigenständige Anlageklasse zu etablieren. Die Tatsache, dass es den Marketingabteilungen der Banken und Wertschriftenhäusern schon lange gelungen ist, einer breiten Anlegerschicht Hedge Funds als selbstständige Klasse mit klar identifizierten Eigenschaften zu definieren, ändert nichts daran. Es führt aber sicher dazu, dass viele Anleger in Hedge Funds im Zweifelsfall Produkte in ihren Portefeuilles haben, die überhaupt nichts mit irgendeinem Index (auch einem Hedge-Fund-Index) zu tun haben und auch völlig andere Risiko- und Ertragseigenschaften aufweisen, als sich die Anleger ursprünglich gedacht haben. Des Weiteren zeigen die

Zusammenstellungen der Kostenstrukturen von Hedge Funds und ganz besonders den immer aggressiver vermarkteten Funds of Hedge Funds, dass für den Investor nach Abzug aller Gebühren, die er (oder der Fund!) zu entrichten hat, von der erhofften guten Performance oftmals kaum mehr etwas übrig bleibt.

7.

Das *siebte Kapitel* bearbeitet etwas eingehender das Thema der Gebühren nicht nur für Hedge Funds, sondern ganz generell für die verschiedenen Anlageprodukte, Anlagestrategien und -vehikel. Kosten- und Gebührenstrukturen im Anlagebereich sind von den Anlegern viel zu lange stiefmütterlich behandelt worden. Dies ist auch verständlich. Wenn wir Renditen von fünfzehn Prozent einfahren, wie dies nicht selten in der zweiten Hälfte der 90er-Jahre der Fall war, und dafür eine Kommission von ein bis zwei Prozent bezahlen, dann ist das leicht zu verdauen. Wenn sich die zu erwartenden Renditen aber auf vielleicht noch fünf oder sechs Prozent reduzieren und sich die Kommissionen gleichzeitig verdoppeln, dann beginnt dies manchem «schwer auf dem Magen zu liegen».

Im Kapitel sieben wird aufgezeigt, dass Kosten- und Gebührenstrukturen im Anlagebereich trotz einiger Anstrengungen zur Verbesserung noch immer völlig intransparent sind. Schon bei traditionellen Anlagefonds fällt es nicht leicht, alle Kostenelemente zu einem Ganzen zusammenzufügen. Wenn man dies aber tut, dann errechnen sich leicht Gesamtkosten, die auf vier Prozent und mehr per annum zu liegen kommen. Bei den «Alternativen» wird die Angelegenheit noch intransparenter und völlig heterogen. Nicht selten wird man aber bei Hedge Funds – und sicher bei den blumig vermarkteten Funds of Hedge Funds – mit Gesamtkosten konfrontiert, die zwischen fünf und über zehn Prozent per annum liegen. Ob da am Ende des Tages für den Anleger tatsächlich noch etwas übrig bleibt, mögen wir gütlich bezweifeln. Vielleicht werden wir in zwanzig Jahren, wenn Brost und Rohwedder die x-te Auflage ihres Buches herausgeben, im Untertitel lesen: «Warum wir beim Reichwerden wieder gescheitert sind». Vielleicht werden wir dann ernüchtert feststellen, dass der grösste Teil der an den Finanzmärkten erzielten Renditen nicht bei den Anlegern, sondern bei den Gebühren hängen geblieben ist.

Fairness auf der einen Seite und kritische Distanz und eigenes Knowhow auf der anderen sind deswegen die Gebote der Stunde im Private Banking und in der Anlageberatung. Wenn sie auf beiden Seiten eingehalten werden, werden die Privatanleger in den nächsten Jahren auch mit den etwas tieferen Anlagerenditen eine vernünftige langfristige Vermögensentwicklung erarbeiten können.